les petites choses comptent le plus

Libérer le pouvoir des petites actions pour un impact durable

NARENDER KUMAR SONDHI

BLUEROSE PUBLISHERS
India | U.K.

Copyright © Narender Kumar Sondhi 2023

All rights reserved by author. No part of this publication may be reproduced, stored in a retrieval system or transmitted in any form or by any means, electronic, mechanical, photocopying, recording or otherwise, without the prior permission of the author. Although every precaution has been taken to verify the accuracy of the information contained herein, the publisher assumes no responsibility for any errors or omissions. No liability is assumed for damages that may result from the use of information contained within.

BlueRose Publishers takes no responsibility for any damages, losses, or liabilities that may arise from the use or misuse of the information, products, or services provided in this publication.

For permissions requests or inquiries regarding this publication, please contact:

BLUEROSE PUBLISHERS
www.BlueRoseONE.com
info@bluerosepublishers.com
+91 8882 898 898
+4407342408967

ISBN: 978-93-5989-808-7

Cover design: Muskan Sachdeva
Typesetting: Pooja Sharma

First Edition: December 2023

Sommaire

Ne soyez pas comme l'arroseur arrosé:

La jalousie est nuisible

Langage grossier et colère:

Soyez content:

Auto-analyse:

Évitez la cupidité :

En compagnie de mauvaises personnes :

Acceptez les erreurs :

Soyez avec la vérité et l'honnêteté:

Abaisser les autres :

Deux poids, deux mesures :

Poser les bases d'une vie bonne, heureuse et satisfaisante :

La vie est un écho :

Avertissement :

Ce livre contient les points de vue, les expériences, les observations, les pensées, la vision et les idées de plusieurs grands réalisateurs. Dans nos vies, nous avons puisé l'inspiration auprès de ces leaders de la pensée. Ces points de vue, opinions, citations et incidents ont été cités dans le livre avec les crédits appropriés. En plus de cela, certaines vieilles légendes de l'enfance qui nous ont inspirés lorsque nous étions jeunes ont également été incluses dans le livre afin que les lecteurs de ce livre puissent aussi s'inspirer. De plus, plusieurs anecdotes contemporaines ont également été incluses. Les noms, les personnages, les lieux et les incidents dans ces anecdotes sont tous imaginaires. Toute ressemblance avec des personnes réelles, vivantes ou décédées, ou avec des événements ou des localités réels, ou avec des organisations, est purement fortuite.

À propos du livre

Ce livre explore le pouvoir transformateur des petites habitudes, des actions quotidiennes et des événements en apparence insignifiants qui façonnent nos vies. Souvent, ce sont les problèmes mineurs qui nous égarent, nous faisant perdre de vue notre véritable objectif de vie. À travers ses pages, ce livre guide les lecteurs à la découverte de la signification profonde des choses en apparence anodines, qui peuvent métamorphoser nos actions vertueuses en regrets. Dans la vie, nous n'avons pas toujours l'opportunité d'accomplir de grands exploits, mais nous pouvons insuffler à nos petites actions une passion et un amour illimités. Il est courant de négliger et de sous-estimer la valeur des petites choses dans notre quête de grands objectifs, pourtant, ce sont ces actions quotidiennes en apparence mineures qui font réellement la différence. Gérer ces petits détails peut être un défi, car ils reflètent souvent notre routine habituelle. Ces habitudes peuvent soit nous servir en tant que fidèles alliées, soit nous dominer en tant que maîtres implacables. Malheureusement, beaucoup d'entre nous choisissent involontairement la deuxième option en nourrissant des habitudes nuisibles. Ce livre met en lumière les traits qui nous empêchent de vivre une vie enrichie de valeurs humaines. Il souligne l'importance intrinsèque de ces détails en apparence insignifiants dans nos vies, nous encourageant à les explorer et à les intégrer dans notre routine quotidienne. En lisant ce livre, les lecteurs peuvent entreprendre un voyage pour découvrir leur propre individualité et cultiver une attitude positive en vue d'une vie plus heureuse et épanouissante. Chaque sujet du livre est accompagné d'histoires motivantes et d'observations de personnalités mondialement reconnues, offrant des perspectives précieuses pour renforcer ses enseignements.

Préface

Chaque individu dans ce monde est une personne extrêmement valorisée. Mais peu d'entre nous connaissent la valeur d'être une personne. Nous ne nous soucions pas des valeurs humaines. Chaque jour, à chaque posture, nous sommes prompts à changer notre position en nous ignorant, et nous perdons la véritable valeur de notre être. Une personne devrait demeurer une personne en tout temps, dans toutes les situations et avec toutes les personnes qui l'entourent. Dans les moments de détresse, de contrainte, d'agonie, nous avons tendance à perdre nos vraies valeurs, ce qui nous prive des moments inestimables de joie et de bonheur. La vie est courte et remplie de luttes. Nous menons une vie créée à partir de circonstances qui se produisent à chaque instant et chaque jour. Ces circonstances ne sont rien d'autre que nos propres créations. Parfois, nous agissons d'une manière qui nous conduit vers un tunnel de ténèbres sans issue, sans rayon d'espoir, sans lumière brillante à voir, et nous sommes accablés par ce que nous avons créé. Cela se produit seulement à cause de nos actions et des choses qui semblent très petites et insignifiantes. Nous souhaitons accomplir de grandes choses instantanément en ignorant les petites qui préparent le terrain pour nos grandes réalisations. Les petites choses sont négligées simplement parce que nous vivons à une époque où tout le monde est en compétition simplement pour avoir plus. Ce que représente ce "plus" n'est défini nulle part. Nous sommes dans cette course effrénée uniquement pour le plaisir. Le voyage de la vie semble être plein de luttes, d'obstacles et de déceptions. C'est simplement parce que nous cherchons à réaliser de grandes choses. Nous voulons tout en grand, d'élite, de comparable et d'incomparable, et ainsi de suite. Dans cette course vers le grand, nous perdons généralement la base des grandes choses qui réside dans les racines de nos petits efforts. Par désir du grand, nous ignorons et sous-estimons généralement les petites choses qui jouent un rôle vital dans les grandes réalisations. Les petites choses, les petits efforts, les petites actions et les petits événements ont suffisamment de force pour changer la direction de notre vie. Dans un environnement de mode de vie moderne équipé de technologies avancées, nous voulons tous des résultats "instantanés". Nous souhaitons que chaque action montre rapidement des résultats, sinon nous l'abandonnons dans le désespoir sans nous soucier du cours prévu lorsque l'action devient réalité. C'est devenu une habitude qui contrôle nos esprits. Nous ne pensons qu'à de grandes et formidables choses à se produire et nous négligeons les petites et les petites choses qui peuvent faire une grande différence. Nos paroles apaisantes, nos mots doux, nos gestes du visage, notre langage corporel, notre comportement sont des miroirs qui reflètent notre identité et notre personnalité. En poursuivant le grand, nous oublions ces petites choses. Souvenez-vous que ce ne sont que des petites choses qui peuvent faciliter notre vie. Nous négligeons ces petites choses qui apportent un sourire à notre vie et aussi dans la vie des autres. Au contraire, même un petit problème semble être une montagne. Nous nous égarons avec eux, perdant notre sagesse. Cela arrive parce que nous n'avons pas le temps de prendre soin des petites actions en temps opportun. Nous les négligeons habituellement. Nous nous concentrons uniquement sur les grandes choses à se produire. Mais ce sont les petites choses que nous faisons chaque jour qui font une différence.

Robert Brault a dit à juste titre :

"Appréciez les petites choses, car un jour vous pourriez regarder en arrière et réaliser qu'elles étaient les grandes choses."

Nous nous sentons heureux dans les moments de joie. Un petit moment d'inconfort crée de l'inquiétude dans notre esprit. Nous sommes emportés par les moments d'inconfort, rapidement et facilement. Les moments heureux sont les bienvenus. Nous apprécions ces moments de joie à mesure qu'ils surviennent et les oublions instantanément après un court laps de temps. Mais les mauvais moments continuent de nous hanter, parfois pour la vie. En attendant que le bien se produise, nous perdons notre patience pour faire face aux événements malheureux. Nous perdons notre sagesse pour comprendre que chaque moment triste nous enseigne quelque chose. Nous sommes ignorants. Nous ne réalisons pas que ces moments inconfortables, aussi petits soient-ils, nous enseignent de bonnes leçons sur la vie. Nous sommes très prudents et prudents à l'égard des grands événements, mais nous ne nous soucions pas des petites choses qui peuvent changer notre façon de penser.

Shakespeare a dit :

"Je me sens toujours heureux. Vous savez pourquoi, car je n'attends rien de personne. Les attentes font toujours mal. La vie est courte, alors vis ta vie. Soyez heureux et gardez le sourire. Vivez simplement pour vous. Avant de parler, écoutez. Avant d'écrire, réfléchissez. Avant de dépenser, gagnez. Avant de prier, pardonnez. Avant de blesser, ressentez. Avant de haïr, aimez. Avant d'abandonner, essayez. Avant de mourir, vivez." Il y a de nombreuses

années, un sage en Inde qui vivait des temps troublés a écrit ces mots :

Surveillez attentivement vos PENSÉES,

car elles deviennent vos PAROLES.

Gérez et surveillez vos PAROLES,

car elles deviendront vos ACTIONS.

Pesez et jugez vos ACTIONS,

car elles deviendront vos HABITUDES.

Reconnaissez et surveillez vos HABITUDES,

car elles deviendront vos VALEURS.

Comprenez et adoptez vos VALEURS, car elles deviennent votre DESTINÉE.

Expliquant l'importance des petites choses dans la vie, le célèbre penseur Bertrand Russell a écrit :

"Une personne n'est pas jugée par ses grandes actions, mais son véritable test réside dans ses petites actions qui se transforment en actions plus importantes dans le futur. Un petit trou dans un navire peut faire couler un grand et très gros navire. De même, un petit furoncle peut tuer le grand lutteur. Ne négligez donc pas les petites choses. Elles sont plus grandes que les grandes choses."

Prendre soin des petites choses est meilleur que les grandes choses. Nous traitons des petites choses, des petites actions, des petits problèmes à chaque instant et chaque jour, mais nous ne pouvons pas faire de grandes choses tous les jours. Nous oublions que les petites choses sont l'axe de nos grandes actions. Les choses que nous considérons comme étant petites ne sont pas si insignifiantes. Elles traitent de la réalité et sont importantes pour accomplir de grandes choses. Prendre soin des petites choses est plus important dans la vie si nous souhaitons que de grandes ou plus grandes choses se produisent. Nous n'avons pas à chercher de telles petites actions ou choses n'importe où dans le monde. Elles existent déjà dans notre vie quotidienne et nous les rencontrons quotidiennement. L'importance des petites choses est cachée en nous. Ces petites choses sont dissimulées dans notre langage, dans nos mots, dans notre pensée, dans notre esprit et notre âme. Ce que nous devons faire, c'est connaître et reconnaître ces petites choses qui sont déjà avec nous et les adopter pour une vie heureuse. Dans les chapitres suivants, nous allons discuter de ces choses que nous avons négligées jusqu'à présent.

Contents

Chapitre 1: Ne soyez pas comme le pot qui traite la bouilloire de noire 1

Chapter 2: La jalousie est nuisible: 15

Chapitre 3: Langage grossier et colère : 29

Chapitre 4: Soyez heureux. 46

Chapitre 5: Auto-analyse 55

Chapitre 6: Éviter la cupidité. 69

Chapitre 8: Acceptez les erreurs 111

Chapitre 9: Soyez avec la vérité et soyez honnête : 124

Chapitre 10: Rabaisser les autres 142

Chapitre 11: Deux Mesures 150

Chapitre 12: Poser les fondements d'une vie bonne, heureuse et satisfaisante 162

Chapitre 13: La vie est un écho : 197

Chapitre 1

Ne soyez pas comme le pot qui traite la bouilloire de noire

Blâmer, critiquer et condamner autrui peut ruiner nos vies. Lorsqu'il s'agit de blesser ou de critiquer les autres, nous agissons et réagissons rapidement. Le fait de critiquer les autres est non seulement facile mais aussi divertissant. Trouver des défauts chez autrui est très aisé, nous le faisons quotidiennement et y prenons plaisir. Nous sommes habiles à pointer du doigt les erreurs des autres, que ce soit des proches, des amis, ou ceux qui nous ont soutenus durant nos moments difficiles. Nous ne réfléchissons pas une seconde aux graves dommages que cela peut causer. Cette tendance nous éloigne les uns des autres : nous admirons en présence et condamnons en absence. Ce comportement mine la confiance. Nos critiques et condamnations peuvent transformer des amis en ennemis, au moment où nous pourrions avoir besoin de leur aide. Saint Kabir a dit :

"तिनका कबहू न निंदिये , पांव तले जो होय कबहूँ उडी आँखों पड़े, पीर घनेरी होय",

ce qui signifie que nous ne devrions pas condamner les autres pour leurs défauts, même la paille sous nos pieds ne devrait pas être condamnée, car elle pourrait devenir une source de gros problèmes pour nous. Nous avons tous des défauts et condamner les autres signifie se créer des ennemis qui nous feront toujours du mal. C'est une forme de diffamation et un moyen de se débarrasser des sentiments de rancune, mais c'est aussi une façon de se sentir supérieur en humiliant les autres. Les psychologues disent que les diffamateurs manquent de contrôle sur leurs émotions et souffrent d'un complexe d'infériorité, c'est pourquoi ils blâment les autres au lieu de reconnaître leurs propres faiblesses. Il existe de nombreuses raisons pour lesquelles les diffamateurs condamnent les autres. Avant d'explorer ces raisons, il est essentiel de comprendre ce qu'est la condamnation : dire des choses malveillantes à propos d'une personne absente et sans lui donner la chance de se défendre, dans le but de ternir sa réputation dans la société. Souvent, il s'agit de fausses allégations, des mensonges et des paroles négatives. Les raisons derrière la condamnation varient en fonction de la mentalité de chacun, mais certaines peuvent être aisément identifiées :

La jalousie sans raison

La jalousie fondée

La jalousie naturelle

La jalousie pour la jalousie

La jalousie ne peut jamais apporter de bons résultats

Histoire de deux amis

Arun était abattu et mal à l'aise. Assis seul sous un arbre dans un parc, avec des sentiments de désespoir, il était perdu dans ses pensées. Depuis la perte de son emploi, il avait du mal à faire face aux défis immédiats de la vie. Il traversait une période vraiment difficile. L'avenir lui semblait sombre, et il avait perdu tout espoir de trouver un emploi rapidement. Alors qu'il luttait avec son anxiété, il sentit une pression sur son épaule. Quelqu'un appuyait sur son épaule par derrière. En se retournant, il vit son vieil ami Jony debout avec un sourire. Arun se leva rapidement et l'enlaça dans une humeur joyeuse. En ces temps de détresse, c'était une chance de voir Jony à ses côtés.

Jony travaillait en tant que directeur principal dans le département des ressources humaines d'une grande entreprise. Sur la recommandation exclusive de Jony, Arun a obtenu un emploi dans cette entreprise. Il rejoignit le nouveau poste avec joie et commença à travailler avec dévouement. Bien que sa charge de travail ne fût pas très lourde, il était bien rémunéré. Dans l'ensemble, il se sentait mieux. Cependant, il avait du mal à accepter le fait de travailler sous la supervision de son ami Jony, le directeur principal. Bien que Jony ait obtenu un rang inférieur dans ses études, il était maintenant le supérieur immédiat d'Arun. Cette situation a fait naître de la jalousie chez Arun, le poussant à dénigrer Jony auprès du personnel. Il pointait parfois ses erreurs en son absence devant les employés, suscitant ainsi la haine et la suspicion envers Jony.

Cette attitude a grandement affecté la dynamique au travail. Jony est devenu l'objet de méfiance et de ressentiment parmi les membres du personnel, le laissant agité et déçu. Son supérieur hiérarchique a également commencé à remettre en question son comportement. Finalement, sous l'effet de la jalousie d'Arun, Jony a démissionné de son poste. Malgré ses compétences et son expérience, il a créé sa propre entreprise à petite échelle. Avec détermination et un travail acharné, son entreprise a commencé à prospérer. Il l'a agrandie et embauché de nouvelles personnes pour gérer la charge de travail croissante.

Pendant ce temps, l'entreprise où travaillait Arun avant qu'il ne démissionne en raison du comportement des membres du personnel a rencontré des difficultés. Arun se retrouva sans emploi et tenta de trouver un autre travail, mais la forte concurrence rendit la recherche difficile. Un jour, alors qu'il cherchait un emploi, il arriva dans une entreprise qui recrutait de nouveaux employés. Il fut sélectionné et embauché dans cette nouvelle entreprise. Cependant, il fut surpris de découvrir que son nouveau patron n'était autre que Jony, assis sur le siège du propriétaire de l'entreprise.

Jony l'invita dans son bureau, lui offrit un siège et lui dit : "Pour toi, je n'aurais jamais pu être une personne qui a réussi malgré un rang inférieur. Mais pour moi, tu es toujours mon ami. Je t'ai embauché pour ton expérience et pour tes compétences. Ne sois jamais jaloux des autres si tu veux vraiment réussir."

Par précaution, Arun se vit assigner des tâches à l'écart et on lui interdit de communiquer avec les autres membres du personnel. C'était une sorte de punition pour son comportement passé motivé par la jalousie. Jony, malgré son rang élevé, ne ressentait pas de jalousie envers son ami. Il acceptait les réalités de la vie et s'adaptait pour surmonter les obstacles. Il a compris que la jalousie ne mène qu'à des sentiments négatifs et à de mauvais résultats. C'est un facteur de grande perte à la fin.

La plupart des gens condamnent les autres par jalousie, qui est souvent associée à l'envie et à la honte. Lorsqu'une personne jalouse se trouve dans une situation honteuse, elle se sent seule même parmi ses proches.

L'écrivaine irlandaise Elizabeth Bowen a écrit un jour :

"La jalousie n'est rien d'autre que le sentiment d'être seul face à des ennemis souriants."

En termes simples, l'émotion de la jalousie émerge lorsque nous voyons les autres heureux, joyeux ou satisfaits de ce qu'ils ont, tandis que nous restons seuls à avoir l'air idiot. Dans un état d'esprit semblable à celui d'un idiot, nous commençons à condamner ceux qui sont plus heureux, qui possèdent quelque chose de plus ou qui vivent leur vie avec enthousiasme. Nous condamnons les autres parce que nous n'avons aucune de ces qualités qui nous permettraient d'être heureux dans notre vie. Lorsque nous ne sommes pas jaloux, nous pouvons être heureux, bien que ce soit difficile, mais lorsque nous sommes jaloux, nous ne pouvons pas être heureux, et cela est très courant.

La jalousie est le sentiment de désirer quelque chose que nous n'avons pas mais qu'une autre personne possède. Il s'agit de quelque chose que nous souhaitons obtenir mais que nous n'avons pas. Ou bien quelqu'un a plus que ce que nous avons. Nous commençons à ressentir un manque ou une incomplétude, ce qui fait que nous ne nous sentons pas bien en présence des autres. Dans de telles circonstances, nous commençons à ressentir de la jalousie. La jalousie n'est rien d'autre qu'un sentiment d'incompétence qui reste caché dans notre esprit. Si nous sommes remplis du sentiment de bonheur, alors il n'y aura aucun sentiment d'envie envers les autres.

Histoire de la jalousie

Mme Gupta et Mme Chawla sont de grandes amies. Mme Gupta est une femme fortunée issue d'une famille de haute société, tandis que Mme Chawla mène une vie de classe moyenne. En cas de besoin, Mme Gupta a financièrement aidé Mme Chawla. Mme Gupta était directe et n'hésitait jamais à se vanter en présence des autres. Mme Chawla, quant à elle, n'avait rien à exhiber. Elle se sentait toujours dévalorisée dans le cercle d'amis, tandis que Mme Gupta était admirée par tous. Cela lui pesait sur le cœur, engendrant de la jalousie. Par envie, elle a commencé à médire sur Mme Gupta. Elle a répandu des rumeurs selon lesquelles son mari était un tricheur, un arnaqueur, gagnant de l'argent de manière illégale, et ainsi de suite. Il est bien connu que les ragots et les fausses informations se propagent plus vite que la vérité. C'est ainsi que les paroles diffamatoires de Mme Chawla sont parvenues aux oreilles de Mme Gupta. Cette dernière n'a pas réagi immédiatement, mais elle a cessé de lui parler. À partir de ce moment, elles n'étaient plus amies. Mme Chawla, en condamnant son amie dans son dos, a perdu une bonne amie qui l'avait aidée financièrement de temps en temps. Pourtant, la réalité était tout autre. Ce n'était pas le mari de Mme Gupta qui était impliqué dans des activités illégales, mais plutôt celui de Mme Chawla. Mme Gupta s'est sentie offensée. En conséquence, elle a révélé à tous les amis les agissements illicites du mari de Mme Chawla. Lorsque la nouvelle s'est répandue, il a été arrêté par la police. Nous sommes prompts à prendre des décisions hâtives et à juger les autres en fonction des rumeurs. Nous ne cherchons pas la vérité. Sans la connaître, nous prenons plaisir à condamner les autres dans leur dos.

La jalousie avec raison

Le cas de Mme Chawla se comparait à Mme Gupta. Se comparer à d'autres qui réussissent bien n'est pas seulement une source de découragement qui stimule des sentiments de jalousie dans notre esprit. Nous percevons les autres comme étant confiants, extravertis, plus attrayants et prospères. Nous passons un temps ridicule à nous sentir inadéquats à l'idée que d'autres soient heureux. Une telle pensée devient généralement obsessionnelle et bien sûr, elle entrave le développement personnel positif.

Histoire d'être narcissique

Rahul et Jai étaient des amis d'enfance, fréquentant la même école et poursuivant leurs études ensemble. Rahul provenait d'une famille aisée tandis que le père de Jia gagnait une maigre somme. Rahul, vêtu des dernières tenues de créateur, se moquait souvent des vêtements modestes de Jai, malgré leur amitié sincère. Après l'université, ils ont intégré une entreprise de construction. Rahul était sérieux dans son travail, tandis que Jai était plus décontracté et souvent réprimandé par le patron.

L'entreprise a réalisé d'excellents résultats financiers cette année-là, offrant une prime en espèces équivalant à trois mois de salaire. La prime de Rahul était presque le double de celle de Jai. Rahul a méprisé Jai pour sa petite prime et a décidé de partir en voyage sans l'informer. Occupé par ses projets de voyage, il a ignoré Jai et évité de lui parler.

De son côté, bien que la prime de Jai fût moindre, il l'a acceptée avec satisfaction. Il envisageait de lancer sa propre entreprise de construction et désirait discuter de son projet avec Rahul. Cependant, ce dernier, absorbé par ses vacances, a négligé les appels de Jai, démontrant peu d'intérêt à lui accorder de l'attention.

De retour au bureau après une semaine de congé, Jai n'a pas trouvé Rahul. Voulant partager son plan au plus vite, Jai a attendu, mais face à l'absence prolongée de Rahul, il a démissionné pour investir sa prime dans son projet. Avec cet argent, il a construit trois appartements sur un petit terrain.

Après leur vente, il a réalisé un bon profit, réinvesti dans la construction de six appartements supplémentaires. En cinq ans, il est devenu un promoteur immobilier réputé.

Pendant ce temps, Rahul continuait à travailler pour l'entreprise de construction. Jaloux de la réussite exceptionnelle de Jai, il a commencé à le critiquer auprès de leurs amis, proférant des absurdités à son sujet. En se comparant sans cesse à Jai, se vantant de lui-même et le condamnant, Rahul adoptait un comportement narcissique.

Contrairement à Rahul, Jai, véritable ami et personne honnête, avait espéré le partenariat de Rahul. Mais face à son manque de réponse, ainsi que ses commentaires désobligeants, il a abandonné cette idée. Jai a poursuivi son chemin vers le succès, tandis que Rahul, immergé dans sa jalousie, se perdait dans des comparaisons dévalorisantes et des jugements superficiels.

Will Durant a un jour déclaré :

"Dire du mal des autres est une manière malhonnête de nous vanter."

C'est précisément ce que M. Rahul faisait. Par jalousie, il condamnait Jai tout en vantant ses propres qualités. Il était en proie au piège de la jalousie, se comparant sans cesse à Jai sans reconnaître ses valeurs humaines et son attitude positive.

De même, dans nos environnements professionnels, nous sommes souvent enclins à critiquer un collègue pour des raisons telles que de meilleures affectations, un salaire plus élevé, une influence accrue au bureau, des relations privilégiées avec les supérieurs ou des opportunités de voyage. La façon dont nous interprétons ces situations constitue la principale source de jalousie. Un conférencier renommé en motivation, M. Mitch, a souligné de façon pertinente :

"La force de la jalousie ne provient pas de la possession de quelque chose de spécial pour vous ; elle émane plutôt du sentiment que vous êtes sur le point de perdre cette chose spéciale qui est partagée."

La jalousie est une émotion si puissante qu'elle nous absorbe totalement, nous faisant voir les choses d'un seul angle. Nous nous concentrons sur les défauts des autres tout en ignorant nos propres lacunes. Aveuglés par cette émotion, nous ne savourons pas ce que nous avons et nous nous focalisons sur ce qui nous manque. Nous ressentons un manque dans notre vie alors que d'autres possèdent bien plus que ce que nous pouvons imaginer.

Au travail, il est fréquent d'éprouver de la jalousie pour des choses mineures, telles que :

Ma proposition est rejetée alors que celle d'un collègue junior est acceptée par la direction.

Le manager ne reconnaît jamais mon travail et valorise toujours les contributions des autres employés.

J'espérais une promotion cette année, mais un nouvel employé a été promu à ma place.

Malgré mes efforts, mon manager ne me favorise jamais.

Une personne paresseuse a reçu le prix du meilleur employé. C'est de la flatterie.

Nous avons tendance à rabaisser les autres simplement parce que nous refusons de reconnaître nos propres faiblesses. Cette pensée nous engloutit dans un cycle de jalousie obsessionnelle. Avant de critiquer autrui, il est essentiel d'évaluer nos propres capacités. Condamner les autres n'est pas justifié à moins que nous ne soyons capables de reconnaître nos propres forces et faiblesses. Pour illustrer ce point, prenons l'exemple de deux employés de bureau travaillant pour un négociant en gros de céréales.

Histoire : Être proactif

Deux employés de bureau travaillaient avec un négociant en grains. Tous deux étaient également qualifiés et avaient été embauchés simultanément au même salaire.

Après une période de 5 ans, l'un des employés a été promu, et son salaire a été augmenté, tandis que le deuxième employé a été ignoré. Ni sa promotion ni son salaire n'ont été augmentés. Cela est devenu un sujet brûlant pour lui. Il est allé voir le négociant et a formulé sa plainte. Nous travaillons tous les deux et faisons le même travail. Comment pouvez-vous le promouvoir et ignorer ma promotion, a-t-il dit.

Le négociant l'a regardé des pieds à la tête et a gardé son sourire. Ne recevant aucune réponse, l'employé lui a à nouveau demandé la raison. Avant de donner une réponse quelconque, le négociant a vu un camion plein de sacs de grains qu'un agriculteur conduisait devant son bureau. Le négociant expérimenté savait bien qu'il s'agissait de marchandises mises en vente par l'agriculteur. Il a demandé à l'employé d'aller découvrir ce que l'agriculteur avait apporté à la vente. Vas-y et fais-le rapidement. L'employé est immédiatement sorti et est revenu aussitôt avec les informations requises. Il a dit que l'agriculteur était venu vendre du riz.

Quelle est la qualité du riz ? Quel est le prix demandé par l'agriculteur ? Quelle est la quantité de riz en sa possession ? L'employé n'a pas pu répondre à aucune de ces questions. On lui avait demandé de ne découvrir que le produit et non les informations connexes. On lui avait demandé de trouver des informations sur le produit de l'agriculteur, mais pas sur son prix ou sa quantité. Il avait donc recueilli uniquement l'information qui lui avait été demandée.

Ensuite, le négociant a demandé au deuxième employé d'aller découvrir ce qui était disponible avec l'agriculteur. Il est parti, mais a pris un certain temps pour revenir. Il a informé que c'était du riz. Il propose de le vendre à 2 000 roupies par quintal. La qualité du riz est bonne. Il a 20 sacs, chaque sac contenant 20 kg de riz. Le riz est d'une qualité très demandée. S'il achetait l'ensemble du lot, il le vendrait à 1 500 roupies par quintal.

Toute cette narration a été faite en présence de l'employé qui n'avait pas été promu.

Sans tenir compte de notre compétence professionnelle, nous commençons à condamner les autres par jalousie. Nous voulons plus parce que les autres en ont plus, mais nous ne faisons pas plus d'efforts comme les autres le font. La jalousie nous rend incompétents, et nous restons en arrière par rapport aux autres simplement parce que nous ne pouvons pas obtenir ce que les autres obtiennent. Sans compétence, nous aspirons à quelque chose qui nécessite de la compétence. Dans un accès de jalousie, nous sommes prêts à aller jusqu'à nuire aux autres. En retour, nous pouvons aussi en souffrir.

La jalousie par nature

Certaines personnes ont le tempérament de condamner les autres avec ou sans raison. De telles personnes ne peuvent pas s'empêcher de critiquer le travail ou le comportement de quiconque. Elles ne réalisent même pas que leur humiliation momentanée peut devenir une raison de perte, de traumatisme ou de misère pour quiconque. Il est dans leur nature de condamner tout le monde, partout et en toute circonstance.

Histoire : La Nature de la Condamnation

Il était une fois un étudiant traversant une forêt avec son professeur. Ils aperçurent de magnifiques roses épanouies dans un jardin. L'étudiant s'exclama : "Comme ce serait merveilleux si les roses n'avaient pas d'épines !" Puis, ils aperçurent un ours derrière les buissons. L'étudiant commenta : "Comme ce serait bien si sa couleur n'était pas noire." Sentant la chaleur du soleil, il ajouta : "Comme ce serait bien si les rayons du soleil n'existaient pas." Le professeur, écoutant l'étudiant en silence, s'arrêta subitement. Il fixa l'étudiant et lui demanda : "Ne serait-il pas préférable que tu cesses de condamner tout ce que tu vois et observes ?" L'étudiant, perplexe, ne saisit pas le sens des paroles de son professeur. Il demanda : "Monsieur, je partageais simplement mes opinions." Le professeur expliqua en détail : "Ce ne sont pas tes opinions, mais plutôt ta tendance à condamner sans raison. Tu n'es pas le seul. Ce monde regorge de gens qui ont l'habitude de condamner les autres par habitude ou pour s'amuser. Ils ne cherchent que les défauts et ne se soucient pas des qualités. Condamner les autres leur procure une certaine satisfaction, c'est dans leur nature."

La raison principale est que "nous n'avons généralement pas tendance à regarder les choses telles qu'elles sont, mais nous les voyons à travers notre propre prisme. Partout, il y a des gens de toutes sortes ; tout dépend de nous de choisir ce que nous voulons voir en eux."

Histoire : Ne juge pas les autres à moins de nettoyer tes lunettes

Il y avait un couple vivant dans un quartier chic. Leur maison était grande, spacieuse et aérée, avec de larges fenêtres. La dame de la maison avait une fâcheuse habitude. Elle jetait un œil par la fenêtre pour épier les voisins. Un dimanche matin, elle aperçut du linge lavé suspendu sur une corde sur le toit du voisin d'à côté. Son mari était absorbé par la lecture du journal. La femme lui dit : "Regarde, ces gens ne savent même pas comment laver le linge. Tous les vêtements suspendus sur la corde sont sales." Le mari jeta un coup d'œil et retourna à son journal. Le dimanche suivant, la même scène se reproduisit. La femme jugea à nouveau les vêtements. Le mari observa, mais garda le silence. C'était le troisième dimanche, la dame accourut vers son mari et l'attira près de la fenêtre pour revoir les vêtements. Cette fois, les vêtements semblaient très propres. Elle demanda à voix basse : "Il semble que quelqu'un leur ait appris à laver le linge. Les vêtements sont très propres aujourd'hui."

Le mari l'écouta et dit : "Personne ne leur a appris quoi que ce soit. Ils l'ont fait eux-mêmes." "Comment le sais-tu ?", demanda-t-elle. "J'ai simplement nettoyé la vitre de la fenêtre, encrassée, qui obstruait la vue claire vers l'extérieur. Maintenant que la vitre est propre et sans poussière, tu peux voir des vêtements propres qui n'ont jamais été sales auparavant."

Cela s'applique également à notre vie. La clarté avec laquelle nous percevons les autres dépend de la clarté en nous. Avant de juger quelqu'un, nous devrions d'abord vérifier notre point de vue et nous demander si nous sommes prêts à voir le meilleur chez les autres, ou si notre vision est toujours altérée.

Chapter 2

La jalousie est nuisible:

En hindi, l'une des significations de la jalousie est "brûler" ou "mettre le feu". En étant jaloux, nous finissons par nous nuire. Nous brûlons notre enthousiasme, notre bonheur, notre joie et notre paix intérieure. L'émotion de la jalousie crée des sentiments négatifs dans notre esprit et notre cœur. Non seulement elle épuise notre force physique, mais elle affecte également négativement notre état mental. Une fois que nous sommes pris dans l'emprise de la jalousie, il est difficile de s'en débarrasser. Comme le feu (जलन en hindi), elle met tout en feu, y compris le bon en nous. Elle a le pouvoir de grandir et de consumer l'individu qui la nourrit. Le succès des autres nous pousse à ressentir un sentiment de privation. Notre propre statut commence à nous paraître insignifiant. Nous arrêtons de performer à notre meilleur niveau. Une sorte de cécité domine nos actions. Finalement, ce sentiment nous entraîne vers une vie malsaine et affaiblit notre corps et notre esprit. Notre performance décline. Nous devons extirper la tumeur de la jalousie de l'intérieur de nous et exprimer nos vœux de réussite à ceux qui progressent et gravissent l'échelle du succès.

Histoire : S'inspirer du succès des autres

En 1889, un terrible cyclone tropical a frappé l'océan Pacifique près de Samoa. Tous les navires amarrés dans le port ont été endommagés, beaucoup ont chaviré. Tous les navires ont été détruits à l'exception d'un seul. Ce navire chanceux était un navire de la marine britannique. Celui-ci avait juste réussi à quitter le port au dernier moment pour se diriger vers le grand large. Ainsi, il a pu échapper de justesse à l'issue qui l'attendait : être fracassé contre les rochers et les récifs. Environ 200 autres marins étaient piégés sur les navires qui ont péri, incapables de se libérer du piège mortel. Ils ont vu le navire de la marine britannique s'éloigner en toute sécurité de l'horreur du cyclone, tout en sachant leur propre destin funeste sur le navire condamné. Ils ont chaleureusement salué et encouragé le navire en mouvement alors qu'il s'échappait.

Dans ces moments mortels, ces courageux marins n'ont montré aucun soupçon de jalousie ou de mauvaises intentions envers ceux qui ont réussi à s'échapper. Nous devons puiser notre inspiration des réalisations et du progrès des autres, car essayer de rabaisser les autres ne fera que nous nuire à long terme.

L'émotion de la jalousie a été mieux expliquée dans la Bhagavad Gita lors d'une conversation entre le Seigneur Krishna et Arjuna :

En se basant sur la conversation du Seigneur Krishna et d'Arjuna dans la Bhagavad Gita, Swami Vivekananda a déclaré que la jalousie est un état d'esprit. Un homme idéal est celui qui est dépourvu de toute jalousie. Son état d'esprit est parfaitement mature. Il explique plus loin qu'un homme dépourvu de jalousie est celui qui est "ami de tous, miséricordieux envers tous, qui n'a rien en propre, qui est exempt d'ego, qui reste égal dans la douleur et le plaisir, qui fait preuve de patience, qui est toujours satisfait, qui travaille toujours en yoga, dont le moi est maîtrisé, dont la volonté est ferme, dont l'esprit et l'intellect sont abandonnés à Moi (le Seigneur Krishna), celui-là est Mon bien-aimé

Bhakta. De lui ne vient aucune perturbation, il ne peut être troublé par les autres, il est exempt de joie, de peur et d'anxiété, celui-là est Mon bien-aimé. Celui qui ne dépend de rien, qui est pur et actif, qui ne se soucie pas que le bien ou le mal vienne, et ne devient jamais malheureux, qui a renoncé à tous les efforts pour lui-même ; qui reste le même dans la louange ou le blâme, avec un esprit silencieux et réfléchi, béni de ce qui lui vient en chemin, sans domicile, car le monde entier est sa maison, et dont les idées sont stables, celui-là est Mon bien-aimé Bhakta."

Ceci est l'idéal d'un homme dépourvu de toute jalousie, une fois pour toutes. La Jalousie Détruit l'Amitié et les Relations Comment la jalousie entre-t-elle dans nos vies ? La jalousie est dérivée du mot grec "Zelos" qui signifie "bouillonner" ou "tourmenter". Lorsque nous commençons à brûler notre cœur, notre esprit, voire même notre âme, avec des émotions futiles de comparaison et de compétition avec autrui, c'est la raison fondamentale de notre émotion de jalousie. Lorsque nous sommes jaloux, nous commençons à nous comparer à quelqu'un que nous estimons mieux placé ou bénéficiant d'un avantage indu. Nous pensons être plus capables et mériter davantage, et que c'est injuste pour nous. Nous nous plaçons dans une position plus élevée et commençons à brûler notre cœur de jalousie.

En même temps, nous nous réjouissons lorsque nous constatons qu'une personne qui est source de jalousie pour nous rencontre un sérieux problème, subit une perte ou éprouve de la souffrance. Nous prenons du plaisir à le voir connaître des problèmes aigus. En même temps, ce même élément est suffisant pour que d'autres prennent du plaisir à nos difficultés et à nos souffrances avec des sentiments de jalousie. Pour sortir de l'ombre de la jalousie, nous devons puiser notre inspiration dans les progrès et les réalisations des autres et les apprécier avec un cœur ouvert. Cela ouvrira de nouvelles portes du succès pour nous. Mais essayer de rabaisser les autres par jalousie nous sera nuisible à long terme. La jalousie est le signe d'une personne ayant un esprit moralement malade.

La Jalousie Anéantit les Relations

Lorsque nous sommes jaloux, nous ne nous soucions plus de nos amis ou de nos relations. Lorsque nos amis ou nos proches excèdent, cela devient une question de brûlure intérieure pour nous. Nous commençons à les haïr. Nous commençons à les insulter. Nous accumulons beaucoup de pensées négatives à leur égard. Ce que nous voulions, nous ne pouvons l'obtenir, mais eux le peuvent. Pourquoi devraient-ils obtenir plus que nous ? Qu'est-ce que cela montre ? Il s'agit là rien d'autre que de notre égoïsme. Nous ne voulons pas que nos amis ou nos proches grandissent. Nous oublions un vieil adage qui dit : "C'est dans le besoin qu'on reconnaît ses vrais amis." Si nous ne changeons pas nos comportements, cela nous mènera à la détresse physique et émotionnelle. Si tel est le cas, cela causera des tensions dans les amitiés et les relations. Cela pourrait potentiellement altérer la communication, créant ainsi de l'hostilité dans les relations. Une perte majeure pour notre vie future. Nos amis des réseaux sociaux ne viendraient jamais à notre secours en cas de besoin, ce sont seulement nos amis proches et nos proches qui seraient là avec nous. Les amis et les proches nous aident à gérer le stress, à faire de meilleurs choix de vie qui nous rendent forts et nous permettent de rebondir face aux problèmes de santé, économiques, sociaux. Ce sont eux qui sont toujours prêts à nous aider dans nos conditions difficiles. Lorsque nous nous sentons abattus, ils sont toujours là pour nous soutenir. Ce sont les personnes qui nous comprennent, ainsi que notre situation, sans poser de questions.

La jalousie peut nous pousser à prendre des décisions que nous regretterons toute notre vie. Condamer un ami ou un proche juste parce qu'il est en avance dans la vie détruira notre position actuelle. Être jaloux et condamner les autres crée également de gros problèmes pour nous. Cela nous aveuglerait avec des pensées auto-infligées et nous ferait voir le monde à travers des lentilles déformées. Par conséquent, nous pourrions suivre le mauvais chemin pour obtenir ce que nous voulons ou chercher vengeance dans certains cas. Cela pourrait nous mener à des choses auxquelles nous ne pensions pas être capables, allant de l'incendie criminel au meurtre.

La Jalousie Impacte Notre Progrès

En brûlant sous le feu de la jalousie, nous cessons de nous soucier de notre progression et nous nous précipitons pour scruter le succès des autres. Lorsque nous commençons à scruter les autres, nous perdons beaucoup de temps précieux à nous occuper de nos propres affaires. En conséquence, nous sommes laissés pour compte dans la course à notre propre progrès. Nous devrions simplement cesser de ressentir de la jalousie à l'égard des progrès des autres et consacrer notre esprit au développement de notre propre entreprise. Si nous restons occupés à rabaisser les gens qui réussissent, il est certain que beaucoup chercheront à nous rabaisser également.

Quelques sages ont dit :

"Une personne qui n'est pas jalouse de la richesse des autres et n'est pas attachée aux luxes de la vie est un véritable homme, capable de surmonter tous types d'adversités."

Selon un saint reconnu, "Tout comme un arbre ne reste pas vert si un feu est placé dans son tronc, de la même manière, il ne peut y avoir de joie et de paix dans la vie si notre cœur est piqué par le venin de la jalousie. Nous devons éteindre les flammes brûlantes de la jalousie avec l'eau fraîche de la satisfaction." "La jalousie nous rend étroits d'esprit et intolérants." "Poursuis un voleur, mais ne deviens pas un voleur."

La Jalousie est dangereuse pour l'environnement existant de la société actuelle; certaines personnes adoptent des moyens peu éthiques pour atteindre le succès. Lorsque nous regardons autour de nous, nous pouvons constater que de nombreuses personnes sont impliquées dans des activités immorales pour obtenir un succès immédiat. Certains sont pris, tandis que d'autres s'en sortent indemnes. Généralement, certaines personnes ne peuvent résister à la tentation d'un succès rapide, même par des moyens non éthiques. Nous devenons instantanément jaloux de ceux qui atteignent le succès, peut-être par des moyens illégaux ou non éthiques. Submergés par notre jalousie, nous commençons également à croire que nous pouvons nous aussi réussir en suivant leurs traces. Finalement, nous nous engageons sur le chemin du mal et commençons à utiliser toutes sortes de moyens illégaux et non éthiques pour des bénéfices rapides. Il s'agit d'une situation très dangereuse qui peut non seulement gâcher notre avenir, mais aussi celui des générations à venir.

Lorsque nous sommes jaloux de quelqu'un, nous ne faisons rien d'autre qu'exagérer leurs défauts et nous louer nous-mêmes. En l'absence de tout défaut, nous sommes prompts à en inventer un ou l'autre chez les personnes dont nous sommes jaloux. Dans le processus d'aggrégation des défauts des autres, nous montrons la plupart des faiblesses de nos moyens non éthiques. Nous ne voulons pas voir nos défauts, mais nous sommes rapides à trouver ceux des autres. Nous aimons trouver des défauts chez les gens, alors pourquoi nous sentons-nous mal lorsque les autres nous condamnent.

Arrêtez de négliger vos défauts Chacun d'entre nous a des mérites et des défauts. Nous pouvons avoir de nombreux défauts, mais nous les passons sous silence pour ne louer que nos mérites. Souvenez-vous que les mérites et les défauts sont deux faces d'une même pièce de monnaie. Les deux restent présents chez toutes les personnes. Il n'y a personne qui n'ait que des mérites et aucun défaut. De même, il ne peut y avoir de personne qui n'ait que des défauts et aucun mérite. Plutôt que de chercher les défauts des autres, nous devons voir leurs qualités. Si nous commençons à regarder nos propres défauts, nous pourrions peut-être devenir une meilleure personne. Sheikh Sadi a dit un jour : "Celui qui condamne les autres devant toi, te condamnera aussi devant les autres."

Une personne ayant l'habitude de chercher des défauts chez les autres ne peut rien faire d'autre que de les condamner. La condamnation engendre la haine et l'animosité dans la société. La personne qui condamne les autres est également condamnée en retour. Le condamnateur et celui qui est condamné deviennent tous deux seuls dans la société et font partie de l'échec destructeur de la vie. Une personne sage a expliqué la situation dans les lignes suivantes :

"Une fois, quelques personnes ont amené une femme devant un saint et ont dit :

'Elle a commis un adultère. Elle doit être punie pour sa faute. Elle doit être lapidée jusqu'à la mort.' Le saint a accepté et a dit : 'C'est une bonne chose ; elle doit être punie pour son péché. Mais la première pierre doit être lancée par une personne qui n'a jamais commis de péché dans sa vie.' Personne n'a osé jeter une pierre sur elle et toutes les personnes se sont éloignées silencieusement."

Effets nocifs de la condamnation des autres :

Nous ne devrions jamais condamner les autres en leur absence. Cela a des effets durables sur notre image dans la société. Avec notre habitude de condamnation, nous pouvons souffrir de plusieurs manières :

Les gens ne nous feront pas confiance :

Alors que nous sommes assis parmi un groupe d'amis, nous avons l'habitude de condamner une personne qui n'est pas présente. Après un moment, nous pourrions oublier l'incident. Mais les personnes qui nous ont écoutés pourraient peut-être ne pas l'oublier. L'une d'entre elles pourrait transmettre nos opinions à la personne que nous avons condamnée. Finalement, il s'avère que tout le mal dont nous avons parlé n'était pas correct. Il y avait une pointe d'exagération. Les personnes ayant entendu notre propos erroné cesseront de nous croire à l'avenir. Nous pourrions perdre la confiance de la société.

Les gens nous ignoreront :

Nous savons tous que toute conversation ou rapport sur d'autres personnes, impliquant généralement des détails, voyagent rapidement avec le vent. Généralement, ceux qui ne sont pas confirmés comme vrais se propagent plus vite que le vent. Il ne faudra pas longtemps avant que nos mauvais propos atteignent la personne que nous avons condamnée. À l'avenir, les gens commenceront à nous ignorer. Même si nous devons faire l'éloge de quelqu'un, personne ne sera intéressé à entendre quoi que ce soit de notre part. Notre nature de condamner les autres se répandra partout, rendant difficile pour les autres de croire en ce que nous disons.

Voici la traduction en français du message reçu :

"Un jour, j'ai reçu le message suivant sur mon WhatsApp, mais je ne me souviens pas qui me l'a envoyé. Il dit :

'Dans la solitude, dans la maladie, dans la confusion, la présence des relations rend possible d'endurer, même si les proches vous ont oublié. Ne vous appellent jamais, ne vous visitent jamais et vous ont écarté de leur esprit et de leur cœur. Il suffit qu'ils existent. Une relation n'est pas gérée par la distance, par le silence, par la haine, par l'évitement. C'est dans ces choses qu'elle prend racine le plus profondément. Mais de nos jours, les relations sont comme des vitraux. Ils étincellent et brillent lorsque le soleil est présent, mais lorsque l'obscurité se répand, leur véritable nature est révélée. J'ai appris l'éclat des relations à l'intérieur de moi-même.'"

Apprendre à faire face à la condamnation et à la critique :

Nous sommes tous toujours désireux d'écouter nos éloges et nos appréciations. C'est notre ardente envie. Peu importe si notre admiration par autrui est vraie ou fausse, nos oreilles ont tendance à écouter avidement des choses élogieuses à notre sujet. En même temps, nous réagissons vivement et sérieusement lorsque quelqu'un nous critique ou nous condamne. Nous sortons de nos gonds et sommes saisis par une attitude agressive. Nous considérons nos détracteurs comme nos ennemis. Et commençons à agir de la sorte. Nous ne parvenons pas à distinguer entre de faux éloges et une saine critique. Consciemment ou inconsciemment, nous avons tendance à écouter nos éloges. Nous n'avons pas préparé notre esprit à faire face à la critique. Écouter les critiques accroît tellement la pression et le stress que nous ne pouvons réprimer nos émotions causées par la critique. Nous oublions que ceux qui nous louangent dans notre admiration peuvent nous nuire. Nous avons peut-être vu certains héros de Bollywood et hommes politiques être loués par de nombreuses personnes. Ils sont félicités et appréciés sans qu'il y ait de véritable raison d'appréciation. De telles personnes sont appelées des flagorneurs qui ne font que des éloges pour flatter, rien de plus. Mais cette flatterie renforce l'ego des personnes louées. Nous savons tous combien un ego surdimensionné peut nuire à notre vie sociale et professionnelle.

Sant Kabir Das a dit à juste titre :

निंदक नियरे रखिये, आंगन कुटी छवाय,

बिन पानी, साबुन बिना, निर्मल करे सुभाय।"

Il y a un précieux conseil dans ce distique. Nous devrions garder les calomniateurs près de nous, dans notre cercle proche. Ce sont des personnes qui repèrent et mettent en évidence nos faiblesses. En pratique, ce sont les personnes qui nous montrent le chemin de notre progression en nous condamnant ou en nous critiquant. Si nous souhaitons faire quelque chose d'important pour nous, avancer et développer nos connaissances et compétences, alors un critique doit toujours être présent avec nous tout le temps. Celui qui nous fait toujours des éloges pour tout ne peut jamais nous aider dans notre progression. Ils ne nous aident pas à corriger nos erreurs. Il doit y avoir quelqu'un pour nous montrer nos lacunes.

Les critiques peuvent être d'un grand soutien dans nos vies. Beaucoup de gens dans notre vie ne seront jamais d'accord avec ce que nous faisons ou ce que nous prévoyons de faire. Peut-être à cause de leur amertume ou de leur jalousie de ne pas pouvoir rivaliser avec nous. L'histoire nous dit que la plupart des dirigeants puissants n'ont pas pu gérer leurs royaumes sans apprendre de leurs critiques. Ils commettent des erreurs sous leur ego surdimensionné sans recevoir de critiques constructives. Les critiques nous donnent du pouvoir, ce qui nous permet de rectifier nos erreurs et offrent également l'opportunité de créer des stratégies pour l'avenir, donc les critiques doivent toujours être accueillies. Les dirigeants qui ont ignoré leurs critiques ont dû perdre leur empire.

Apprendre de la Critique Savoir accepter la critique est très important. Une critique reste une critique, qu'elle soit constructive ou destructive. Sans faire de distinction entre la critique constructive et destructive, nous devons nous efforcer d'en tirer des points positifs. Toute critique peut nous aider à améliorer nos compétences professionnelles. Nous pourrons réduire la probabilité d'erreurs, ce qui nous aidera à augmenter notre efficacité. Mais ce que nous faisons, c'est réagir vivement, adopter une attitude hostile juste pour nous défendre. Probablement, la plupart d'entre nous réagissent instantanément. Sans aucun doute, la critique nous blesse et nous démoralise. Étant prudent avec une vision à long terme, nous devons trouver un moyen de voir le côté positif de toute sorte de critique. Cela peut être une opportunité pour nous d'améliorer. La réaction instantanée doit être évitée en toutes circonstances. Par exemple :

Histoire : Éviter la réaction instantanée

Une fois, Swami Vivekananda voyageait en train avec des sadhus (moines). Certaines personnes d'Angleterre voyageaient également dans le même wagon. Ces personnes d'Angleterre regardaient de haut tous les sadhus et Vivekananda. Ils les critiquaient en pensant que ces moines ne pourraient pas comprendre leur langue anglaise. Ils se moquaient d'eux tous.

À la station suivante, ils devaient tous descendre du train. Il y avait une grande foule de personnes renoncées attendant pour recevoir Swami Vivekananda et ses compagnons. Ils lui ont posé plusieurs questions en anglais. Swami Vivekananda a répondu à toutes les questions dans un anglais raffiné et avec le bon accent. Les personnes d'Angleterre qui critiquaient les sadhus étaient étonnées de le voir parler un anglais fluide.

L'un d'eux a demandé : "Vous avez dû vous sentir mal quand nous critiquions tous vos." À sa question, Swami Vivekananda a répondu : "Oui, j'ai entendu ce que vous disiez à notre sujet, mais j'étais occupé avec mon travail. J'ai écouté ce que vous disiez, mais je n'avais pas le temps de prêter attention à vos discussions. Je n'avais pas le temps de penser à ce dont vous parliez. J'étais occupé avec mon travail."

Si nous prenons les exemples d'autres personnalités éminentes concernant la critique, nous pouvons considérer l'attitude des personnes célèbres de l'industrie cinématographique pour comprendre le concept.

Lors d'une interview, Naseeruddin Shah a déclaré : "Amitabh Bachchan n'a pas apporté de contribution significative au cinéma à vocation artistique car il est un acteur pur des films commerciaux." Après cela, un journaliste a raconté cette histoire à Amitabh Bachchan et a voulu connaître sa réaction. Bachchan a dit : "Quand un acteur international comme Naseeruddin Shah dit quelque chose, alors vous devriez vous remettre en question, ne pas réagir."

Une fois, un journaliste a demandé à Gulzar : "Donnez les noms des cinq meilleurs paroliers que vous préférez." Gulzar a instantanément donné cinq noms de ses auteurs de chansons préférés, mais le nom de Javed Akhtar n'était pas là. Un journaliste a raconté cette histoire à Javed Akhtar et a voulu sa réaction. Javed Akhtar a dit : "Juste sur ce point, je peux dire que pour figurer dans la liste de Gulzar Sahib, je dois maintenant travailler plus dur."

Amitabh Bachchan et Javed Akhtar jouissent tous deux d'une réputation internationale dans leurs domaines respectifs. Ils sont connus non seulement en Inde mais dans le monde entier pour leurs performances exceptionnelles. Malgré le fait d'être au sommet de leur réputation, ils n'ont pas réagi. Au lieu de cela, ils ont préféré s'interroger pour s'améliorer davantage. C'est ce que nous devrions également suivre dans notre vie. C'est la seule clé de notre succès.

Quelques sages ont dit à juste titre :

"La critique est quelque chose que l'on peut facilement éviter en ne disant rien, ne faisant rien et en étant rien. Nous ne devrions pas laisser les éloges, les critiques ou les condamnations nous dominer. C'est une faiblesse de se laisser emporter par l'un ou l'autre."

Chapitre 3

Langage grossier et colère :

« Un simple mot peut créer une telle perturbation dans nos esprits que nous sommes prêts à tuer ou mourir pour lui. » Le langage n'est pas simplement le groupe de mots que nous utilisons ; c'est le médium qui nous relie aux gens, à la société, à la culture, aux croyances et aux pensées. Nos mots nous donnent notre identité. Nous sommes connus par le langage que nous employons. Un langage raffiné et parlementaire nous confère un statut respectable. Même nos bonnes intentions, actions et actes sont entachés par notre langage vulgaire. Le langage que nous utilisons façonne notre perception du monde, notre façon de penser et de vivre.

Oliver Wendell Holmes a dit à juste titre : « Le langage est le sang de l'âme dans lequel les pensées coulent et à partir duquel elles croissent. » Notre langage a un impact significatif sur nos vies. Il nous affecte profondément et laisse sa marque. Chaque mot que nous disons, lisons ou entendons influence nos pensées, nos comportements, nos idées, notre culture et tout le reste. Comme l'a justement dit une personne sage : « Les mots ont de l'énergie et du pouvoir, avec la capacité d'aider, entraver, blesser, nuire, humilier et humilier. » Il y a un beau verset dans la Bible à propos des mots : « Au commencement était le Verbe, et le Verbe était avec Dieu, et le Verbe était Dieu. »

Cette verset biblique semble très simple, comme s'il nous enseignait quelque chose sur Dieu. Cependant, à une réflexion plus profonde, nous pouvons apprendre quelque chose de crucial et utile de ce verset, en mettant de côté ses aspects religieux. Tout commence par une parole. Chaque mot que nous prononçons crée des vibrations et des sons. Ce sont ces vibrations qui créent la réalité qui nous entoure. Les mots sont les créateurs, façonnant notre univers, nos vies et notre réalité. Sans les mots, la pensée ne peut jamais devenir réalité. Que nous enseigne ce verset biblique ? Si nos mots et nos pensées sont les outils avec lesquels nous créons notre réalité, alors ce sont sûrement nos outils les plus puissants. Par conséquent, nous devrions choisir les meilleurs mots pour créer notre meilleure réalité.

La base la plus fondamentale pour exprimer nos sentiments dans le monde est la communication. La communication peut avoir lieu dans n'importe quelle langue. C'est le fondement de tout développement humain. En général, chaque personne apprend à parler très tôt dans l'enfance, mais une vie entière ne suffit pas pour apprendre quand parler, quoi dire, où parler et combien parler. Si un moyen est plus crucial que le langage pour le progrès, ce sont nos mots.

Nos mots sont d'une grande valeur, portant leur propre poids. Ainsi, nous devrions user de prudence dans notre façon de parler. Les paroles émises ont le pouvoir de nous apporter une grande félicité, mais simultanément de nous plonger dans des situations désagréables et sombres. Elles peuvent apaiser ou blesser, tout dépend du choix des mots. Comme dit un proverbe :

'Les paroles dures ne brisent pas les os, mais les cœurs. Les os peuvent se réparer, mais les cœurs brisés peinent à le faire.'

Ceux qui prononcent des paroles bienveillantes montrent souvent courage, méritent louanges, et répandent la joie, tandis que ceux qui usent de paroles acerbes et cruelles sont empreints de colère, d'envie, d'arrogance, d'insatisfaction et de brutalité. Observons les résultats des mots durs et des mots doux pour déterminer ceux qui sont bénéfiques pour nous.

Ci-dessous, je vais partager une courte histoire issue d'un livre pour enfants que j'ai lu durant mon enfance."

"Une fois, un roi décida de partir à la chasse dans une jungle avec ses soldats et un commandant. Après avoir poursuivi des animaux pendant des heures, il était exténué et assoiffé. L'un de ses soldats partit chercher de l'eau et arriva près d'un puits où il vit un aveugle distribuant de l'eau à des passants assoiffés. D'un ton autoritaire, le soldat s'approcha de l'aveugle et lui ordonna : "Toi, l'aveugle, remplis ma cruche d'eau fraîche."

L'aveugle, empreint de bienveillance, ne toléra pas les paroles dures prononcées par le soldat. Il lui répondit : "Tu peux être soldat, mais je ne peux te donner de l'eau." Le soldat retourna sans avoir obtenu d'eau. Lorsque le commandant entendit l'histoire de l'aveugle refusant de donner de l'eau à son soldat, il décida d'aller chercher de l'eau lui-même.

L'aveugle, occupé à distribuer de l'eau aux passants assoiffés, fut approché par le commandant. Celui-ci lui demanda : "Toi, l'aveugle, tu es comme un frère pour moi, pourrais-tu me donner un peu d'eau pour étancher ma soif." Suspicieux de la flatterie, l'aveugle le prit pour un officier supérieur. Du fait de ses paroles douces, il soupçonna des intentions douteuses. Ses demandes semblaient flatteuses et insincères. L'aveugle répondit : "Peut-être es-tu un commandant, mais je ne peux te donner d'eau."

Lorsque l'incident parvint aux oreilles du roi, il se dirigea discrètement vers le puits. Saluant respectueusement l'aveugle, le roi lui demanda : "Baba Ji, j'ai soif, pourrais-tu me donner de l'eau s'il te plaît ?" L'aveugle fut enchanté d'une demande simple et polie. Il répondit : "Oui, grand roi, je vous prie de vous asseoir ici. Je vous apporterai de l'eau fraîche."

Après avoir étanché sa soif, le roi interrogea l'aveugle : "Baba, comment peux-tu distinguer un soldat, un commandant et moi, le roi, alors que tu ne peux pas voir ?" L'aveugle répondit : "Regardez, monsieur, je ne peux voir, mais j'entends et ressens bien. J'ai su reconnaître un soldat, un commandant et un roi par leurs paroles et leurs intonations. Vos paroles et votre ton étaient votre carte d'identité."

Ce que nous apprenons de cette histoire est que notre façon de parler reflète notre personnalité. Elle révèle notre singularité. La réaction des autres dépend de notre façon de communiquer avec eux. Les gens nous témoignent du respect pour des paroles empreintes d'humilité et de politesse. Un mot exprimé avec bienveillance apporte une atmosphère de respect mutuel. Nos paroles douces ont le pouvoir de conquérir les cœurs. En revanche, des paroles rudes, la tromperie, un langage empreint d'ego ou des mots trompeurs peuvent entraver nos objectifs.

Selon les psychologues et les scientifiques sociaux, notre langage influence notre personnalité. Leurs travaux de recherche ont démontré l'impact profond des mots sur la personnalité. Notre langage sert de fondation non seulement à notre manière de communiquer, mais aussi à notre façon de penser. Nos manières de converser peuvent nous élever en tant que personnes respectables et ouvrir la voie vers le succès.

Alors que des discours agressifs peuvent semer la discorde, des paroles douces et humblement exprimées ont le pouvoir de transformer des personnes en colère en amis. Même nos ennemis peuvent devenir nos bienfaiteurs. Notre voix, nos paroles, notre style de communication, et notre ton nous donnent une identité en révélant notre éducation, notre famille, nos traditions, notre modestie et notre capacité.

Lorsque tout dépend des mots, de la langue que nous utilisons, et surtout du ton avec lequel nous parlons, il est certainement intéressant de connaître leurs impacts. Observons comment le langage peut révéler la personnalité et les pensées d'une personne. Ce n'est pas seulement ce que nous disons qui importe, mais aussi la façon dont nous le disons.

"La voix et son ton Les gens émettent un jugement instantané sur notre apparence extérieure. Cependant, c'est notre façon de communiquer qui influence l'opinion qu'ils se font de notre personnalité. Notre ton de voix joue un rôle primordial à cet égard. Lorsque les gens identifient un ton de voix, ils en déduisent également notre personnalité. Chacun de nous a son propre style d'expression, aussi unique que nos empreintes digitales. Certains d'entre nous se montrent très polis, d'autres plus agréables, et quelques-uns adoptent un ton plus agressif dans leur communication. Certains peinent à exprimer leur point de vue après de longues discussions, tandis que d'autres parviennent à dire beaucoup en peu de mots. Nous sommes conscients que la façon dont nous exprimons nos idées peut être aussi cruciale, voire plus, que le contenu même de ce que nous disons.

Pour une communication efficace, il est essentiel de prêter attention au ton de notre voix. Ce que nous exprimons devrait être clair et compréhensible, sans ambiguïté. Il ne suffit pas seulement d'avoir confiance dans nos propos, ils doivent également être précis. Un ton brusque ou élevé peut nuire à notre objectif. Peu importe à quel point notre interlocuteur peut être agressif, maintenir un ton posé est toujours bénéfique. Il est important d'éviter l'utilisation de mots ou d'un langage confus.

L'usage de termes négatifs peut compromettre notre objectif de communication. Il est essentiel d'éviter d'employer des mots qui démoralisent ou attristent dans nos conversations. Les termes arrogants peuvent avoir des conséquences préjudiciables.

Observons les effets de nos paroles selon les différents tons de voix."

"Tonalité élevée de la voix :

Lorsque nous utilisons une tonalité élevée de voix,

nous perdons notre calme. En général, les gens n'adoptent pas naturellement une tonalité élevée. Cependant, elle peut surgir lorsque nous cherchons à imposer nos opinions aux autres ou lorsque nous essayons de capter leur attention, même s'ils ne nous écoutent pas. Souvent, nous ne sommes pas conscients de notre voix lorsque nous communiquons, bien que cela soit une partie fondamentale de notre identité.

Parler avec une tonalité élevée peut susciter de l'anxiété chez nos interlocuteurs et les offenser, les incitant alors à répondre également de manière véhémente. Il est important de noter que la colère peut prendre le dessus sur notre raison. Sous son emprise, nous sommes enclins à nous exprimer de manière inappropriée, absurde et dénuée de fondement, ce qui peut transformer une simple conversation en conflit.

Cependant, le conflit ne résout généralement pas les problèmes. Par la suite, nous pourrions regretter d'avoir recouru à une tonalité élevée pour interagir avec les autres. Il est crucial de se rappeler que cette intensité vocale nuit à notre paix intérieure."

Histoire : Le ton et la manière de parler de M. Ray:

M. Ray était un individu infatigable. En tant que superviseur de 20 collaborateurs, il s'était vu confier une mission capitale par son supérieur. Il avait pour objectif de consacrer chaque minute de ses heures de travail à l'accomplissement de cette tâche qui lui avait été assignée. Il travailla avec acharnement, nuit et jour, concentrant tous ses efforts sur cette mission primordiale. Aucune forme de laxisme n'était tolérée. Alors que le projet progressait favorablement, son patron l'interpella en plein travail.

"Écoutez, M. Ray, vous êtes incontestablement un individu extrêmement assidu, mais je suis navré, je me dois de vous retirer de cette mission. Celle-ci revêt un caractère d'urgence et nous devons la finaliser dans les délais impartis", expliqua le patron à M. Ray.

"Je regrette de vous dire cela, monsieur, mais quelle en est la raison ? Je dédie tout mon temps et mon énergie à cette mission. Quel est le problème ?"

"La question réside dans votre manière de communiquer. J'ai reçu des plaintes de certains employés stipulant que vous avez tendance à élever la voix en permanence. Votre façon de vous adresser à eux les intimide. Ils redoutent de travailler sous vos ordres. Il n'y a pas d'autre alternative que de vous retirer de cette mission."

Un employé véritablement dévoué se vit réprimandé pour sa manière de s'exprimer. Plus tard, M. Ray découvrit qu'à certains moments, il élevait le ton, ce que ses collègues interprétaient comme des cris.

La même mission fut ensuite menée à bien par M. Ravi, un autre superviseur au ton plus modéré, mais elle subit des retards. Aucune mesure ne fut prise à ce sujet, car aucun collègue ne se plaignit de son comportement. Ultérieurement, le patron incita M. Ray à reconnaître son agressivité et à expliquer comment il comptait améliorer sa communication avec les employés. M. Ray fit preuve d'honnêteté et était un employé véritablement assidu, cependant, sa voix forte allait à l'encontre de son dévouement, ce qui lui valut d'être puni. Il avait abordé la mission qui lui avait été confiée de manière honnête. Il s'efforçait ardemment de la conclure dans les délais impartis, mais sa voix forte lui valut des représailles.

À ce sujet, Anne Revell a écrit :

"Après avoir pondu des œufs, la poule se met bêtement à caqueter. Un corbeau écoute son cri et s'approche. Le corbeau non seulement vole les œufs, mais les mange aussi."

Parler fort, utiliser des mots dominants ou crier enlève notre part de récompense. Une voix aiguë ne suscite pas le soutien des autres. Il est crucial de gagner l'approbation de la société et de devenir apprécié dans nos interactions, cela revêt une importance capitale dans la vie humaine, particulièrement à une époque où la société humaine s'étend et interagit de plus en plus étroitement.

Adopter un ton de voix doux

et lent s'avère non seulement efficace pour toucher les cœurs des auditeurs, mais également pour nous soutenir dans des moments décisifs. La douceur et la politesse à l'égard des autres les font se sentir respectés de notre part. Ce sentiment de respect mutuel nous valorise, tout comme nos paroles. La douceur et la politesse ont toujours été, et resteront, des traits essentiels pour nous. Les mots ont un rôle crucial dans la vie. Comme la parole peut être douce et amère, elle peut être également douce ou empoisonnée. Des paroles amères suscitent la colère et l'agressivité, tandis qu'une parole empreinte de décence attire l'attention des autres.

Histoire : L'humilité vient en aide

Un jour, trois jeunes garçons se lancèrent dans un voyage d'aventure. En escaladant des montagnes enneigées en haute altitude, une tempête les prit au dépourvu. Sans abri à proximité, leur situation devenait désespérée, une question de vie ou de mort. Soudain, l'un des garçons aperçut une habitation à quelque distance. Ils redoublèrent d'efforts pour s'approcher et trouver refuge. Le plus robuste parmi eux, doté d'une stature imposante et d'une voix puissante, frappa à la porte de toutes ses forces. Un homme l'ouvrit, surpris de voir ces garçons à sa porte. Intrigué par leur présence en un temps aussi redoutable, il les observa attentivement, les yeux écarquillés, se demandant ce qui les avait amenés ici dans de telles conditions.

Le garçon qui avait frappé à la porte demanda un abri d'une voix forte. Le propriétaire de la maison l'interpréta comme un ordre. Se sentant offensé, il referma la porte, refusant d'écouter le garçon. Le deuxième garçon s'avança et frappa à la porte à nouveau. Il demanda humblement un abri d'une voix modeste. On lui accorda un logement temporaire dans leur dépendance. Au même moment, le troisième et dernier garçon se sentait figé, comme une statue prise par un froid glacial. Avançant très lentement avec grande difficulté, il implora doucement de l'aide. Le propriétaire de la maison l'observa attentivement. Ne percevant ni attitude ni geste de supériorité, paraissant simple et humble dans sa voix, il fut accueilli dans la maison comme un membre de la famille.

Pendant mon enfance, j'ai lu une histoire d'Akbar et Birbal dans le magazine Chandamama.

Histoire : La Puissance des Paroles Douces

Un jour, l'empereur moghol Akbar fit un rêve dans lequel il était édenté. Il n'avait pas une seule dent dans la bouche. Il ressemblait à un homme à la bouche flétrie, très vieux. Il eut peur en voyant sa condition dans ce rêve. Inquiet pour sa santé, il fit venir l'astrologue royal. Il voulait immédiatement connaître les effets futurs du rêve qu'il avait fait la nuit précédente. L'astrologue royal ouvrit sa boîte, sortit la carte astrale du roi de sa boîte, et commença à calculer les positions des planètes, du soleil et de la lune dans la carte astrale du roi Akbar. En lisant la carte astrale, son visage commença à montrer des signes de grande inquiétude.

Le roi Akbar le regardait avec curiosité. Il était impatient de connaître les effets du rêve. Après avoir étudié soigneusement la carte astrale, l'astrologue royal regarda le roi et dit : "Oh, Roi, j'ai de très mauvaises nouvelles pour vous. Perdre toutes vos dents signifie la mort très précoce de tous vos proches." Akbar n'était pas prêt à écouter une telle nouvelle de la part de l'astrologue. Il ne pouvait pas supporter le poids d'une telle mauvaise nouvelle. Furieux de la mauvaise prédiction de l'astrologue, le roi ordonna instantanément que la personne qui avait prédit la mort de tous ses proches n'ait plus le droit de vivre. Il devait être tué immédiatement. En conséquence, l'astrologue fut tué par les soldats.

Maintenant, le roi appela Birbal et lui expliqua toute l'histoire de ce qui s'était passé. Akbar voulait maintenant que Birbal lui explique les effets du rêve mortel qu'il avait fait. Birbal, comme nous le savons tous, était une personne très intelligente. Après avoir réfléchi un moment, il dit : "Oh Roi, c'est une très bonne nouvelle." Cela signifie que vous avez la plus longue vie parmi tous vos proches. Le roi Akbar fut heureux d'apprendre qu'il avait une longue vie. Birbal fut récompensé par le roi.

Cette histoire, que beaucoup d'entre nous ont peut-être lue dans leur enfance, transmet un message très important. En toutes circonstances, il est essentiel d'éviter les paroles négatives. Même les aspects négatifs devraient être expliqués de manière positive.

Parler rapidement :

Les personnes qui parlent rapidement ont tendance à conclure rapidement une conversation sans se soucier du ton de leur voix. Souvent, les gens ne parviennent pas à comprendre leur point de vue. Ce qu'elles disent n'est pas toujours clair. Les personnes qui parlent rapidement ont du mal à discerner ce qu'il convient de dire de ce qu'il ne convient pas. Elles ne parviennent ni à dissimuler ni à exprimer quelque chose avec assurance. Même après avoir fini de parler, elles ne se comprennent pas elles-mêmes.

La timidité :

Beaucoup de gens souffrent de timidité lorsqu'ils parlent à autrui. En raison de leur timidité, ils éprouvent des difficultés à communiquer efficacement. Parler à des inconnus devient un défi pour eux. Parfois, ils ne parviennent pas à exprimer ce qu'ils veulent dire. Dans des situations stressantes, ils peinent à s'exprimer clairement devant les autres. Ces difficultés entravent une conversation adéquate. L'atmosphère devient pesante, les plongeant dans un complexe d'infériorité.

Manque de confiance :

Le manque de confiance nous empêche également d'exprimer clairement nos opinions lorsque nous parlons à quelqu'un. Sans confiance, il est difficile de communiquer efficacement. Cette absence de confiance peut amoindrir notre crédibilité et compromettre le but de nos discussions. Sans confiance, il est difficile de convaincre les autres de nos idées. Il est crucial d'avoir confiance en ce que nous exprimons, sinon notre progression professionnelle pourrait en pâtir.

Tonalité dure :

Une tonalité dure rompt la neutralité de notre conversation dès le départ. L'auditeur se désintéresse du contenu de nos paroles pour se concentrer sur notre ton de voix. Ceci limite notre capacité à exprimer correctement nos opinions. Les tonalités sévères et les mots incisifs que nous utilisons peuvent nuire de manière irrémédiable à nos relations. Les mots ne sont pas simplement des paroles ; ils portent en eux nos émotions et notre expression. Les mots durs écrasent ces émotions et sentiments. Beaucoup d'entre nous ont fait l'expérience des conséquences de paroles dures dans nos échanges. Parfois, ces mots créent une situation si difficile qu'il est impossible de s'en repentir. La situation évolue, s'attachant indissociablement à nous. Nous sommes responsables de créer de telles situations.

Les mots durs et les paroles négatives sont puissants. Ils ont des conséquences durables.

Je vous partage une page de la vie de notre cher ancien président, feu Shri APJ Abdul Kalam.

Un incontournable. UNE PAGE DE LA VIE DU Dr Abdul Kalam : "Quand j'étais enfant, ma mère cuisinait pour nous. Une nuit en particulier, après une longue journée de travail acharné, ma mère a mis une assiette de 'subzi' et de roti très brûlé devant mon père. J'attendais de voir si quelqu'un remarquait le roti brûlé, mais mon père a simplement mangé son roti et m'a demandé comment s'était passée ma journée à l'école. Je ne me souviens pas de ce que je lui ai dit cette nuit-là, mais je me souviens avoir entendu ma mère s'excuser auprès de mon père pour le roti brûlé. Et je n'oublierai jamais ce qu'il a dit : "Chérie, j'adore le roti brûlé." Plus tard cette nuit-là, je suis allé embrasser papa, et je lui ai demandé s'il aimait le roti brûlé. Il m'a enlacé dans ses bras et a dit : "Ta maman a eu une longue journée de travail aujourd'hui, et elle était vraiment fatiguée." Et en plus, un roti brûlé ne fait de mal à personne, mais LES PAROLES DURES, SI ! Tu sais, mon enfant, la vie est pleine de choses imparfaites... de personnes imparfaites... Je ne suis pas le meilleur et je ne suis guère bon en quoi que ce soit ! J'oublie les anniversaires et les dates importantes, comme tout le monde.

Ce que j'ai appris au fil des ans, c'est :

"Accepter les imperfections de l'autre et choisir de célébrer les relations". La vie est trop courte pour se lever avec des regrets ! Aimez les personnes qui vous traitent bien, ayez de la compassion pour celles qui ne le font pas. Paroles douces:

Nous devons nous rappeler un vieux dicton : les blessures causées par une épée cicatrisent avec le temps, mais celles faites par des paroles amères ne guérissent jamais. Par conséquent, dis toujours des paroles "douces et justes".

Trouve le bonheur en toi-même et répands-le chez les autres avec des paroles douces. La douceur de notre voix agit comme un aimant. Celui dont la voix est douce est aimé de tous. Les paroles douces ne sont pas simplement bénéfiques, elles conquièrent le cœur des auditeurs. Nous ne devrions jamais hésiter à utiliser des paroles douces. Une parole dure prononcée devient la cause de la haine, de l'amertume et de l'hostilité pendant longtemps.

La plupart des problèmes commencent avec la rudesse et l'indécence du ton de parole. Toutes les langues ont des mots de compliment. Par conséquent, nous ne devrions pas user de mots méprisants. Même dans des circonstances défavorables, nous ne devrions pas abandonner la douceur dans notre façon de parler.

Une voix douce témoigne d'une personnalité exceptionnelle. Elle embellit la vie et masque bon nombre des défauts de la personnalité. Un érudit a affirmé que notre succès peut se convertir en défaite uniquement à cause de nos paroles dures. Bien souvent, nous devenons agressifs pour de petites choses et perdons notre sang-froid.

Nous devrions chercher à être tolérants. La tolérance nous donne la force de ne pas répondre et éteint le feu des conflits.

Swami Vivekananda a dit :

"Les mots que nous prononçons, l'écho des paroles est absorbé dans l'esprit de la personne à travers l'atmosphère. Si nous parlons avec douceur, cela aura un bon effet sur l'autre personne."

Un sage a dit :

"Nous pouvons admirer n'importe qui pour n'importe quoi, mais nous ne devrions jamais insulter qui que ce soit de quelque manière que ce soit." Recevoir une insulte est une sorte de prêt qui est remboursé avec intérêt au fil du temps. Parler doucement ne signifie pas être d'accord avec des choses fausses ou parler pour flatter. Les paroles douces ne sont pas non plus nécessaires pour être d'accord avec des pensées ou des actes incorrects d'autrui. Lorsque nous parlons à quelqu'un, nous devrions garder à l'esprit que nous ne devrions pas blesser l'estime de soi des autres. Notre ton ne devrait pas transmettre de paroles dures, insultantes ou inappropriées. Ces mots créent de l'hostilité et de la haine. Les gens deviennent agressifs en entendant de tels mots.

La parole douce signifie être poli, modeste, faire preuve de gentillesse et de décence. Si nous utilisons des mots injurieux envers les autres ou commençons à les insulter, cela blesse directement leur estime de soi. D'autres personnes peuvent également utiliser de tels mots à notre égard, mais avant de perdre notre sang-froid, nous devrions calmement considérer leur état d'esprit. Ils peuvent être contrariés par nous pour une autre raison et, dans leur colère, ils peuvent avoir utilisé de tels mots arrogants. Toute réaction brutale gâcherait notre objectif dans la conversation. Nous ne devrions jamais perdre notre calme dans quelque situation que ce soit.

Selon l'Atharva Veda :

"La voix douce est comme le miel. La voix douce rend les oreilles douces. Lorsque l'esprit entend des paroles douces par les oreilles, cela remplit notre cœur de bonheur. Lorsque nous nous sentons heureux dans notre cœur, l'univers entier semble béni. Le corps, l'esprit et le cœur des personnes comblées de bonheur s'unissent pour accomplir avec succès toute tâche. Parler doucement, c'est répandre le bonheur et l'amitié. Il est donc nécessaire pour nous de créer de l'enthousiasme et de la profondeur dans notre conversation et d'essayer de parler doucement même dans les moments difficiles."

Dans ces propos, le saint Kabir Das explique que nous devrions utiliser des paroles douces pour apporter du plaisir aux autres et que notre esprit soit également satisfait. Les paroles douces sont comme un remède, tandis que les paroles dures sont comme des flèches qui pénètrent dans notre corps par nos oreilles mais sont douloureuses pour tout notre être. Nos paroles douces transmettent des émotions d'amour dans la société. Cependant, nos paroles amères créent de l'hostilité dans notre cercle social.

À ce propos, Oliver Wendell Holmes a dit : "La langue est le sang de l'âme dans lequel les pensées coulent et à partir duquel elles grandissent." Rita Mae Brown a dit : "La langue est la carte routière d'une culture. Elle vous dit d'où viennent ses habitants et où ils se dirigent."

Chapitre 4

Soyez heureux.

Une fois, je me tenais sur le balcon de mon appartement au quatrième étage, donnant sur un parc en face de notre maison. Un petit oiseau se débattait sur un arbre pour se libérer du fil fixé à l'arbre par l'électricien pour électrifier le parc. Ses ailes étaient emmêlées dans le fil. Des enfants se tenant sous l'arbre observaient avec curiosité l'oiseau en difficulté. Étant de jeunes enfants, aucun d'entre eux ne pouvait grimper à l'arbre pour aider l'oiseau. Ils regardaient, impuissants comme des spectateurs. Tout à coup, l'oiseau fit un mouvement et ses ailes se libérèrent du fil. Maintenant, l'oiseau était libre, prêt à s'envoler, et c'est ce qu'il fit. En voyant l'oiseau se libérer de la difficulté, tous les enfants se mirent à danser. Ils étaient heureux et se mirent à applaudir et à rire. C'était un moment précieux de bonheur. Un instant plus tard, l'oiseau fut attrapé par un aigle qui l'observait depuis un moment. En un clin d'œil, l'oiseau fut tué par l'aigle. Le prétendu bonheur disparut du cœur des enfants qui étaient jubilants lorsque l'oiseau fut libéré du fil. Leur bonheur disparut instantanément.

Le bonheur est un sentiment temporaire qui vient et part avec l'événement heureux. C'est temporaire comme le vent ressenti pendant un bref moment de brise. Nous savons tous que le bonheur n'est jamais un état permanent. Il varie en fonction des situations, des événements, de la profondeur, de la durée et de la signification. Nous voulons tous être heureux tout le temps, et en même temps, nous savons aussi que ce n'est pas possible. Lorsque le bonheur n'est pas une constante de notre vie, nous devrions chercher ce qui peut être la réalité nous procurant un réconfort permanent, la paix d'esprit et la tranquillité. Un sage a dit que le bonheur est un état de bien-être qui peut nous rendre joyeux en permanence.

Qu'est-ce que le bonheur ? En termes simples, on peut le définir comme le résultat satisfaisant d'une action entreprise. Prenons l'exemple d'un rêve : celui de posséder une Ferrari F60. Pendant des années, nous avons économisé de l'argent pour réaliser ce rêve. Enfin, un jour, grâce à un prêt bancaire, nous avons pu acheter la voiture de nos rêves. La famille entière était comblée par la joie de posséder la meilleure voiture au monde. Nous avons célébré cet événement en organisant une grande fête avec nos amis. Cependant, après la période de grâce de trois mois, la joie de posséder cette superbe voiture a commencé à s'estomper. Les mensualités du prêt bancaire étaient lourdes, impactant nos finances quotidiennes. Puis, le pire est arrivé : la voiture a subi un accident soudain, la laissant gravement endommagée. Elle est devenue source de soucis et de tristesse, devenant plus un fardeau qu'une joie. Pourtant, nous devions toujours rembourser le prêt bancaire pendant cinq ans. Notre bonheur s'est dissipé et une situation difficile s'est présentée devant nous.

Le bonheur est un état temporaire de joie lié à un événement ou une chance heureuse dans notre vie. En revanche, le contentement a des effets plus profonds et durables sur notre existence. Il apporte une paix et un bien-être plus stables. Toutefois, il est parfois difficile de faire la distinction entre bonheur et contentement. Nous avons du mal à réaliser ce que nous avons accompli, ce que nous possédons, ou ce que nous avons acquis. Il est bien connu que nous ne savons pas exactement qui nous sommes et ce que nous avons. Cet aspect ironique de la vie nous est révélé lorsque nous perdons quelque chose de précieux, que ce soit une possession, une réalisation ou une appréciation. Les individus les plus heureux ne sont pas nécessairement les plus riches, ceux qui possèdent tout ce qu'ils désirent, ou ceux qui ont réussi dans la vie. Les plus heureux sont ceux qui se contentent de ce qu'ils ont, qui trouvent le bonheur dans ce qui est déjà présent dans leur vie, et qui vivent à leur manière.

Le célèbre écrivain Paulo Coelho a parfaitement illustré le bonheur et la satisfaction dans son récit "Le Pêcheur et

"Récit : Le Pêcheur et l'Homme d'Affaires"

Il était une fois un homme d'affaires assis sur un banc dans un petit village brésilien. Il aperçut un pêcheur arrivant en barque vers le rivage, ayant capturé plusieurs gros poissons. L'homme d'affaires lui demanda pourquoi il n'avait attrapé que quelques poissons alors qu'il aurait pu passer plus de temps à en attraper davantage.

Le pêcheur répondit : "Monsieur, j'ai seulement besoin de quelques poissons, pas plus. Je ne souhaite pas passer plus de temps à pêcher davantage de poissons."

Étonné de sa réponse, l'homme d'affaires lui demanda pourquoi il ne pouvait pas passer plus de temps à pêcher davantage de poissons.

"Ceux-ci suffisent pour nourrir toute ma famille", dit le pêcheur.

L'homme d'affaires demanda alors : "Eh bien, que faites-vous le reste de la journée ?"

"Je viens ici pour attraper quelques poissons, puis je rentre et je passe du temps à prier. Ensuite, je prends mon petit déjeuner. Après ça, je joue avec mes enfants. L'après-midi, je fais une sieste. Le soir, je vais voir mes amis du village, nous nous amusons en chantant des chansons, en jouant de la guitare et en dansant avec tous mes amis."

L'homme d'affaires n'était pas satisfait du mode de vie du pêcheur. Il voulait enseigner au pêcheur des leçons pour devenir un homme d'affaires prospère.

Il conseilla : "Désormais, vous devriez passer plus de temps en mer et essayer d'attraper autant de poissons que possible. En économisant de l'argent provenant de la vente de poissons, vous pourrez acheter un bateau plus grand et attraper plus de poissons. Vous gagnerez beaucoup d'argent et pourrez acheter de plus en plus de bateaux de pêche. Vous pourrez créer votre propre entreprise, votre usine de production de conserves alimentaires et un réseau de distribution."

Le pêcheur demanda : "Et après cela ?"

"Vous serez le propriétaire d'une grande entreprise ayant de nombreux employés qui travailleront pour vous. Vous n'aurez pas à travailler dur. Vous n'aurez pas besoin d'aller pêcher. Vous vivrez comme un roi."

Le pêcheur continua : "Et après cela ?"

L'homme d'affaires dit : "Après cela, vous pourrez enfin prendre votre retraite, vous pourrez vous installer dans une maison près du village de pêcheurs, vous réveiller tôt le matin, attraper quelques poissons, puis rentrer chez vous, prendre votre petit déjeuner, jouer avec vos enfants, faire une sieste l'après-midi et profiter de vos amis le soir."

Le pêcheur était perplexe : "C'est ce que je fais maintenant. Pourquoi se donner tant de mal à profiter de la vie que je vis déjà ?"

Qui ne veut pas être riche ? Mais demandez à n'importe quel riche s'il est satisfait de son argent. Sa réponse sera simple : j'en veux plus. Il est difficile de gagner de l'argent. Vous le trouverez toujours avide et affamé d'argent. Il ne ménagera aucun effort pour gagner plus d'argent, même au détriment de sa santé, de sa tranquillité d'esprit et même de sa famille. Il ne sera jamais heureux avec son argent. Il restera toujours préoccupé par la sécurité de son argent. Il ne pourra pas dormir paisiblement.

Alors se pose la question : Qui est riche ? Kabir Das Ji a répondu : "Vous pouvez avoir un trésor de richesse sous n'importe quelle forme, que ce soit de l'or, des diamants, des animaux, de la terre ou de l'argent, mais vous vous sentirez toujours insatisfait. Mais une fois que vous apprenez à être satisfait de ce que vous avez, ce sera la richesse la plus précieuse que vous puissiez posséder. Lorsque nous acquérons la richesse de la contentement, toute autre richesse ressemble à de la poussière.

La contentement signifie accepter et adopter un sentiment de satisfaction et de suffisance. Elle nous permet d'être heureux avec ce que nous possédons et ce que nous sommes. Nous pouvons être influencés par des circonstances extérieures qui nous empêchent de rester satisfaits, mais ce ne sont que nos sentiments et notre attitude intérieurs qui peuvent nous aider à trouver le chemin de la vraie contentement. Et il n'est pas difficile de cultiver l'habitude d'être content dans n'importe quelle situation. Au lieu de voir le verre à moitié vide, nous pouvons le voir à moitié plein. Un état de contentement peut nous libérer des sentiments d'envie, de jalousie, de haine et de colère, qui sont des facteurs majeurs qui perturbent notre tranquillité. La contentement cherche un bonheur réel qui peut être trouvé au milieu de la pauvreté et de petites choses qui peuvent être explorées même dans les conditions les plus terribles.

Un petit garçon de dix ans vendait des ballons au bord de la route près d'un carrefour. Il était heureux de vendre des ballons à d'autres enfants de son âge voyageant avec leurs parents. Les enfants qui en achetaient étaient également heureux d'obtenir les ballons de leur choix. Un enfant est heureux de donner ce qui est un objet de bonheur pour un autre enfant. Le bonheur dépend de nos conditions et de nos circonstances. Notre bonheur n'est pas le produit de l'obtention de ce que nous voulons. Il est le résultat de nos actions que nous menons avec succès.

Dans notre vie, le début du bonheur et de la paix commence seulement sur le fondement de la contentement. Tant qu'il n'y a pas de contentement dans l'esprit de la personne, il ne peut pas ressentir de plaisir. Le sentiment de plaisir en ce que nous possédons et en ce que nous avons. C'est un signe de contentement. Nos désirs sont infinis. Nous ne sommes pas satisfaits de ce que nous avons et essayons toujours d'en obtenir de plus en plus. De cette manière, nous sommes piégés dans un cycle sans fin de désir et de poursuite de quelque chose de plus grand, d'une satisfaction plus élevée, d'une richesse plus grande. Nous ne trouvons jamais de fin à ce cycle.

Histoire : Soyez heureux avec ce que nous avons

Lisez l'histoire suivante, initialement partagée par M. Anon lors de sa visite en Inde en tant que touriste. Cela pourrait changer notre perspective sur la vie : Après une conversation avec l'un de mes amis, il m'a dit qu'en dépit de ses deux emplois, il ne ramène que légèrement plus de 1 000 $ par mois, et il est heureux comme il est. Je me demandais comment il pouvait être aussi heureux, compte tenu du fait qu'il doit économiser sa vie avec ce maigre salaire pour soutenir ses parents âgés, ses beaux-parents, sa femme, ses deux filles et les nombreuses factures d'un ménage

Il m'a expliqué que c'était grâce à un incident qu'il a vu en Inde, qui s'est produit il y a quelques années, alors qu'il était en voyage en Inde après un revers majeur.

Il a dit qu'il a vu de ses propres yeux une mère indienne couper la main droite de son enfant avec un couteau. Le désespoir dans les yeux de la mère, les cris de douleur de l'innocent

enfant de 4 ans le hantaient jusqu'à aujourd'hui.

Vous pouvez vous demander pourquoi la mère a fait cela ; l'enfant était-il méchant, sa main était-elle infectée ? Non, cela a été fait pour deux simples mots –
POUR MENDIER !

La mère désespérée a délibérément handicapé l'enfant pour que l'enfant puisse sortir dans les rues mendier.

Choqué par la scène, il a laissé tomber un morceau de pain qu'il était en train de manger à moitié. Et presque instantanément, 5 ou 6 enfants se sont précipités vers ce petit morceau de pain couvert de sable, se le disputant. Une réaction naturelle à la faim.

Frappé par ces événements, il a demandé à son guide de le conduire à la boulangerie la plus proche. Il est arrivé dans deux boulangeries et a acheté tous les pains qu'il a trouvés dans les boulangeries. Le propriétaire était stupéfait, mais a volontiers vendu tout ce qu'il avait. Il a dépensé moins de 100 $ pour obtenir environ 400 pains (soit moins de 0,25 $ par pain) et a dépensé un autre 100 $ pour acheter des nécessités quotidiennes.

Il est parti dans le camion rempli de pain dans les rues. En distribuant le pain et les nécessités aux enfants (pour la plupart handicapés) et à quelques adultes, il a reçu des acclamations et des saluts de ces malheureux. Pour la première fois de sa vie, il s'est demandé comment les gens pouvaient abandonner leur dignité pour un pain qui coûte moins de 0,25 $.

Il a commencé à se dire à quel point il était chanceux. À quel point il était chanceux d'avoir un corps complet, un emploi, une famille, la chance de se plaindre de la nourriture qui est bonne et de celle qui ne l'est pas, la chance d'être habillé, et de nombreuses choses dont ces gens devant lui sont privés...

Maintenant, je commence à le penser et à le ressentir aussi ! Ma vie était-elle si mauvaise ? Peut-être... non, je ne devrais pas me sentir mal du tout... Et vous ? La prochaine fois que vous penserez que vous l'êtes, pensez à l'enfant qui a perdu une main pour mendier dans les rues.

"La contentement n'est pas la réalisation de ce que vous voulez, c'est la prise de conscience de ce que vous avez déjà."

"Lorsqu'une porte du bonheur se ferme, une autre s'ouvre, mais souvent nous regardons tellement la porte fermée que nous ne voyons pas celle qui s'est ouverte pour nous." En effet, nous ne savons pas ce que nous avons jusqu'à ce que nous le perdions, mais il est également vrai que nous ne savons pas ce qui nous manque jusqu'à ce que cela arrive. Les personnes les plus heureuses n'ont pas nécessairement le meilleur de tout ; elles font simplement le meilleur de tout ce qui se présente à elles. Le futur le plus lumineux sera toujours basé sur un passé oublié, on ne peut pas bien avancer dans la vie tant qu'on ne laisse pas derrière soi ses échecs passés et ses peines.

Chapitre 5

Auto-analyse

Nous pouvons désigner l'auto-analyse par divers termes tels que l'auto-évaluation, l'autodiagnostic, l'autoréflexion, etc., mais le but demeure le même : "évaluer nos pensées et comportements". Elle ne requiert pas l'intervention d'une tierce personne pour s'évaluer, mais constitue un effort personnel visant à comprendre sa propre personnalité et individualité sans aucune aide extérieure.

Selon le Cambridge Dictionary, l'auto-analyse est "l'analyse de soi, notamment de ses motivations et de son caractère".

Selon le Collins Dictionary of English, "Il s'agit d'un acte ou d'un processus d'auto-analyse".

D'après un autre dictionnaire, cela désigne "une tentative méthodique et indépendante d'étudier et de comprendre sa personnalité ou ses émotions".

En résumé, nous devons nous évaluer pour découvrir nos mérites et nos défauts, nos points forts et nos points faibles, notre succès et notre échec, notre manière de penser et notre manière de travailler. Nous devons également examiner notre attitude dans nos interactions avec les autres. Mais dans le scénario actuel de notre mode de vie, nous sommes tous désorientés par le stress mental, la tension et le manque de paix intérieure et de satisfaction. Nous sommes bouleversés et contrariés même lorsque nous devons faire face à de petits problèmes. En conséquence, notre endurance commence à s'effriter, même pour faire face à des problèmes imminents et temporaires. Nous dépensons et épuisons notre temps et notre énergie dans de nombreux efforts inutiles dans cette tentative. Si nous faisons un petit effort pour essayer de découvrir la véritable raison, nous constaterons que nous devons nous analyser. Il est nécessaire de devenir le juge de nos actes, de notre comportement, de notre tempérament, de notre attitude et de nous-mêmes.

Tout au long de la vie, nous sommes, par ailleurs, constamment évalués par de nombreuses personnes. De nos parents, amis, voisins, enseignants, jusqu'à nos managers ou supérieurs, nous sommes jugés à chaque instant pour chacun de nos actes. Même la façon dont nous parlons et notre ton sont jugés. Parfois, on nous juge positivement et de nombreuses autres fois de manière négative. Souvent, nous sommes fortement affectés par le jugement des autres. Nous avons l'impression de ne pas avoir reçu notre part équitable ou que le jugement est biaisé. Dans de telles circonstances, notre auto-analyse et notre auto-évaluation nous fourniront un jugement précis, correct et impartial.

Perdus dans les complexités de la vie, nous n'avons souvent pas le temps pour l'auto-analyse. Grâce à l'auto-analyse, nous pouvons facilement nous évaluer. Elle joue un rôle essentiel dans le développement global de l'individu. Grâce à l'auto-analyse, nous pouvons devenir notre propre juge. C'est un processus utile pour se juger soi-même avant d'être jugé par les autres. Elle nous aide également à vivre une vie saine et heureuse. En tant qu'être humain, nous avons un mélange d'émotions et de sentiments allant du bonheur et de la colère à la mélancolie et à la frustration. Dans ces situations, nous nous détachons de notre propre personnalité. C'est à ce moment-là que nous avons besoin de l'auto-analyse, aussi appelée introspection. Le but du processus d'auto-analyse est de mettre en lumière nos forces et nos faiblesses. Cela nous donne l'occasion de corriger nos points faibles et de renforcer nos compétences.

Pourtant, nous passons la majeure partie de notre temps à analyser et à comprendre les autres jusqu'à notre dernier souffle. L'idée de nous connaître et de nous comprendre ne nous vient même pas à l'esprit. Il est très aisé pour nous de repérer les défauts des autres, car critiquer leur comportement nous apporte une certaine satisfaction, nous consacrant ainsi beaucoup de temps à les analyser. Pourtant, nous omettons de nous soumettre à cette même analyse introspective. Si nous interrogeons notre propre être, nous découvrirons de nombreuses lacunes et faiblesses en nous que nous n'avons jamais cherché à explorer ou que nous avons négligées lorsque quelqu'un nous les a signalées.

Identifier les défauts chez autrui est chose aisée. Cependant, nous ignorons souvent que cette quête des imperfections chez les autres expose nos propres imperfections. Selon la Bhagavad-Gita, cela fait partie de nos actes (Karmas). Le terme "Karma" fait référence aux conséquences des actions passées, présentes et futures que nous effectuons. Notre vie est façonnée par notre karma. Selon les versets de la Bhagavad-Gita, une parabole éloquente nous éclaire sur la signification de chercher des défauts chez autrui :

Parabole du Karma (extrait de la Bhagavad-Gita)

Autrefois, un homme bienveillant distribuait de la nourriture aux nécessiteux. Un jour, tandis qu'il dispensait cette assistance, un aigle survola tenant un serpent mort dans ses serres. De la gueule du serpent mort tomba une goutte de venin dans la nourriture que l'homme bienveillant offrait.

Personne n'avait connaissance de cet événement, et l'homme continua à distribuer la nourriture. Un des démunis qui avait involontairement consommé la nourriture empoisonnée en mourut. L'homme bienveillant en fut grandement attristé.

Dans la mythologie hindoue, un doot (serviteur de Yamraj, le Dieu de la Mort) est dépêché pour récupérer l'âme du défunt, afin que le roi des morts puisse déterminer si le défunt mérite le paradis ou l'enfer en fonction de ses karmas. Ces karmas sont distribués aux êtres vivants suivant leurs actes. Dans ce cas précis, une situation complexe surgit. Le serviteur de la divinité de la mort se retrouva incapable de décider à qui attribuer les karmas.

En effet, l'aigle ne pouvait être blâmé pour transporter le serpent mort, car c'était sa nourriture. Le serpent mort n'était pas responsable non plus, tout comme l'homme bienveillant ne pouvait être tenu pour coupable, car il ignorait la présence du poison dans la nourriture.

Beaucoup de jours après cet incident, d'autres personnes démunies entrèrent dans le village de l'homme bienveillant dans l'espoir de trouver de la nourriture.

Une dame était assise près de la route, et ils lui demandèrent où se trouvait l'homme bienveillant et comment s'y rendre.

Elle répondit : "Oui," et leur indiqua la bonne direction. "Mais soyez très prudents," dit-elle, "l'homme bienveillant est réputé pour nuire aux pauvres."

Au moment où elle prononça ces mots et critiqua injustement l'homme bienveillant, à cet instant, le serviteur du Dieu de la Mort prit une décision.

Il lui attribua les karmas liés à la mort d'un homme pauvre qui était décédé après avoir consommé de la nourriture empoisonnée. Elle fut considérée comme responsable de la mort de cet homme démun.

De cette histoire, nous pouvons tirer une leçon essentielle. Si nous découvrons des défauts chez quelqu'un et que nous avons raison concernant ses actions, nous assumons la moitié de ses karmas.

Il lui a attribué les karmas liés à la mort d'un homme pauvre qui avait succombé après avoir consommé de la nourriture empoisonnée. Elle a été tenue responsable du décès de cet homme dans le besoin.

De cette histoire, nous pouvons tirer une leçon essentielle.

Si nous découvrons des défauts chez quelqu'un et que nous avons raison concernant ses actions, nous assumons la moitié de ses karmas.

Mais si nous découvrons des défauts chez quelqu'un et que nous avons tort concernant ses actions, alors nous assumons 100 % de ses karmas.

Cette histoire peut nous inciter à être prudents quant à nos pensées et paroles concernant autrui. Beaucoup d'entre nous ont la tendance à souligner chaque petite imperfection dans toute situation. Inconsciemment, nous nous plaçons en juges pour identifier des défauts chez les gens, même si nous ne sommes pas qualifiés pour juger ce que nous percevons comme des imperfections. Cette inclination devient ainsi une source de grande souffrance pour les autres. Par conséquent, au lieu d'analyser les autres, nous devrions nous concentrer sur l'auto-analyse, qui revêt une plus grande importance pour notre développement personnel.

Besoin d'auto-analyse

Il est très aisé pour nous de remarquer les défauts des autres et de souligner leurs faiblesses. C'est un passe-temps divertissant pour nous, nous pouvons passer des heures à condamner autrui. Mais nous sommes-nous déjà auto-analysés ? Si nous regardons en nous-mêmes, nous découvrirons de nombreux défauts et faiblesses que nous n'avons jamais cherché à connaître, ou que nous avons négligés quand quelqu'un nous les a signalés.

1. Inspectez vos actes : L'auto-inspection implique une révision judicieuse de vos pensées et de vos actions. Les problèmes surgissent en raison de pensées biaisées. C'est l'une des plus grandes erreurs lorsqu'une personne veut faire quelque chose de mal : elle avancera cent excuses pour justifier ses méfaits. Une telle attitude peut être qualifiée d'acte de partialité et de manque de considération. Les personnes dépendantes de la cigarette, de l'alcool ou de tout autre type de drogue argumenteront toujours qu'elles trouvent un soulagement de la tension et du stress après avoir consommé ces substances. Beaucoup d'autres soutiendront qu'ils ne peuvent pas travailler correctement sans fumer ou boire. Nous savons tous très bien que de tels arguments sont sans fondement et ne sont pas acceptables pour une personne de caractère moral. Mais lors de l'auto-évaluation, nous défendons nos propres arguments contre ceux des autres.

2. Éliminez vos défauts : Grâce à l'auto-analyse, nous pouvons non seulement découvrir nos lacunes, nos défauts et nos mauvaises pensées, mais nous serons également en mesure de trouver des moyens pour les corriger. Nous devons nous rappeler qu'il n'y a personne de parfait en ce monde. Nous sommes également vulnérables aux défauts humains. Cependant, après avoir identifié nos faiblesses, nous pourrons les éliminer et essayer de devenir aussi parfaits que possible.

3. Acceptez votre vraie identité : Nous devrions être honnêtes et sincères en examinant nos qualités et nos défauts. Tant que nous ne nous analysons pas honnêtement, nous ne pourrons pas progresser, car nous continuerons à agir avec tous nos points faibles. Nous ne pourrons jamais être authentiques tant que nous ne sommes pas prêts à accepter une version véritable de notre personnalité. Nous rencontrerons toujours de sérieuses difficultés si nous n'acceptons pas notre vrai moi et continuons à présenter un comportement faux et façonné.

4. Ne cachez pas vos faiblesses : Souvent, nous ne voulons pas montrer notre vraie personnalité par peur de révéler nos faiblesses. En fuyant et en redoutant nos faiblesses, elles deviennent une partie permanente de notre vie. Pour changer cela, nous devons effectuer des changements radicaux dans nos pensées. Pour tout changement radical, nous devons examiner en profondeur les défauts et les faiblesses de notre personnalité. C'est seulement en étant conscients de nos faiblesses que nous pourrons les affronter. Cela nécessite que, dans notre travail ou nos activités, nous examinions honnêtement notre manière d'agir. Nos efforts sincères devraient être conservés, et les actions inutiles ou fausses devraient être abandonnées.

5. Tenez compte de vous-même : La tâche de l'auto-analyse devrait être effectuée avec la même rigueur qu'un homme d'affaires tient ses comptes de manière appropriée. Nous devrions faire un bilan de nos faiblesses et de nos méfaits, de nos bons et mauvais comportements, de nos pensées fausses et vraies. Seulement ainsi serons-nous en mesure d'évaluer nos actions. Si nos actions positives prédominent, nous sommes sur la bonne voie. Si nos erreurs et nos faiblesses prédominent, nous suivons un chemin potentiellement destructeur pour notre avenir. Un excès d'erreurs dans le bilan mène à la faillite, de même que le bilan de nos actions vraies ou fausses. Il est donc nécessaire d'accroître notre capital moral et notre auto-évaluation pour garantir un succès durable.

6. Tenez un registre : Un homme d'affaires fait des affaires de manière réfléchie tout en gardant un œil sur ses profits et pertes. Pas tous les jours, mais régulièrement, voire une fois par an, il vérifie ses comptes pour évaluer son entreprise. Un homme d'affaires qui ne surveille pas les transactions de son entreprise n'est pas un vrai homme d'affaires. Chaque homme d'affaires doit vérifier ses comptes périodiquement. Sans cela, son entreprise finira par disparaître. Chaque homme d'affaires doit connaître ses pertes et en comprendre les raisons. De même, à moins que nous n'analysions nos faiblesses et comprenions leurs origines, nous ne pourrons pas progresser. L'auto-analyse est la seule manière de reconnaître nos défauts et nos mérites, nos pertes et nos profits.

7 .Nous trompons-nous ? Personne ne naît grand ou spécial. La grandeur se construit par les actions, les principes et les pensées. Chacun fait des erreurs, mais seule la personne qui se corrige en s'auto-analysant avance dans la vie. Nous, les

êtres humains, sommes habiles à nous tromper. Nous n'examinons pas honnêtement notre moi intérieur. Pour dissimuler nos défauts, nous avons tendance à tromper les autres sur nos actions, nos croyances voire nos intentions. Sans le savoir, nous revêtons un masque de perfection en nous présentant comme des individus parfaits, honnêtes, intègres et sincères. Nous oublions que nous sommes des modèles de défauts, d'erreurs et de lacunes. Nous sommes tous des représentations de nos défauts et de nos imperfections.

Nous sommes éblouis par la fausse idée de démontrer notre supériorité en dissimulant notre infériorité. Il existe un verset bien connu du Nouveau Testament qui dit :

"Pourquoi vois-tu la paille qui est dans l'œil de ton frère, et n'aperçois-tu pas la poutre qui est dans ton œil ?"

Il y a un proverbe célèbre au Japon :

"Bien que nous voyions les sept défauts des autres, nous ne voyons pas nos propres neuf défauts."

Nous pouvons dissimuler de nombreux défauts de notre vie à l'extérieur, tentant également de nier les aspects qui nous semblent préjudiciables, surtout pour maintenir notre image fallacieuse d'une perfection imposée. Dans ce processus, nous entrons en conflit avec nous-mêmes et notre conscience : d'un côté, nous connaissons précisément nos capacités, nos qualités, nos forces, mais également nos défauts, erreurs et faiblesses. D'un autre côté, nous sommes davantage conscients du masque trompeur de perfection que nous arborons pour duper les autres. Ainsi, nous sommes pris entre le conflit de notre être intérieur et notre masque extérieur. Tout ceci survient dans notre tentative de nous duper nous-mêmes plutôt que de tromper autrui.

Il arrive un moment où il devient difficile de combler le fossé entre notre vrai moi intérieur et notre façade extérieure. Ce processus aboutit généralement à la perte de notre paix intérieure et de la tranquillité dans notre vie. Il est crucial de se rappeler que le moment est proche où ce faux pont de tromperie pourrait s'effondrer. Comme l'écrivait le célèbre auteur Léon Tolstoï dans son livre "Anna Karénine" : "Le pont de la vie artificielle." Bien que le pont de nos auto-illusions puisse tenir pendant de nombreuses années, il y a toujours le risque qu'il s'effondre, nous laissant confrontés à l'abîme de la vie. Après des années de mensonges envers nous-mêmes et de déni, au lieu de faire face à nos faiblesses, nous ne serons pas bien équipés pour faire face.

Vivre dans l'illusion de soi-même revient à gaspiller précieux temps et énergie à entretenir des illusions, qui souvent détournent notre attention des réalités de la vie. Il est crucial d'être sérieux et déterminé pour briser ces auto-illusions contraires à notre essence, imposées de force. Il ne sera certainement pas aisé de changer l'image que nous avons fallacieusement créée sur une longue période. Ce processus peut engendrer d'importantes souffrances lors du dévoilement de nos auto-illusions, car les gens auront du mal à accepter ce changement de masque. Cette situation peut également entraîner une phase de souffrances et de difficultés pour nous.

Cependant, maintenir un masque trompeur finira par causer encore plus de difficultés et de souffrances. Gardons à l'esprit le vieil adage :

"Mieux vaut tard que jamais."

Dans son livre "Les Frères Karamazov", l'auteur Fiodor Dostoïevski a justement déclaré : "Avant tout, ne te mens pas à toi-même. L'homme qui se ment à lui-même et qui écoute son mensonge en arrive à un point où il ne peut pas distinguer la vérité en lui, ni autour de lui, et perd ainsi tout respect pour lui-même et pour les autres." Se mentir à soi-même, c'est se tromper, nous commençons à croire en des choses fausses. De même, nous n'acceptons pas les choses vraies. En tant qu'habitude, nous nous mentons à nous-mêmes dans tous les domaines de la vie, quelle que soit leur insignifiance. Même sur des réalités massives qui pourraient apporter un changement majeur dans notre vie, nous mentons.

Dans son livre "Les Frères Karamazov", l'auteur Fiodor Dostoïevski a raisonnablement dit : "Avant tout, ne te mens pas à toi-même. L'homme qui se ment à lui-même et qui écoute son mensonge en arrive à un point où il ne peut pas distinguer la vérité en lui, ni autour de lui, et perd ainsi tout respect pour lui-même et pour les autres." Se mentir à soi-même, c'est se tromper nous-mêmes, nous commençons à croire en des choses fausses. De même, nous n'acceptons pas les choses vraies. En tant qu'habitude, nous nous mentons à nous-mêmes dans tous les domaines de la vie, quelle que soit leur insignifiance. Même nous mentons sur des réalités massives qui pourraient apporter un changement majeur dans notre vie.

L'auto-illusion peut nous coûter cher dans la vie. La plupart d'entre nous souhaitent vivre avec honnêteté. Mais en raison de nos incapacités et principalement à cause de notre ambition, nous avons tendance à réprimer notre voix intérieure et à projeter notre meilleur moi. Lorsque notre projection repose sur de fausses fondations, elle est condamnée à s'effondrer un jour. Dans l'auto-illusion, qu'est-ce que nous faisons ? Notre auto-illusion se manifeste par notre comportement, notre pensée, nos émotions, nos réactions. Nous pouvons être victimes de circonstances de ce genre à notre insu, qui peuvent devenir dangereuses non seulement pour nous, mais aussi pour tout le monde autour de nous. La seule et grande valeur que nous payons pour nous tromper est que nous faisons du mal à notre âme, à notre esprit et à notre conscience lorsque nous refusons d'accepter ce que nous sommes dans notre originalité. Jouer à un petit jeu trompeur peut nous hanter tout au long de notre vie. Nous vivrons toujours une vie douloureuse après avoir joué un jeu trompeur avec les gens. Nous nous faisons du mal non seulement à nous-mêmes, mais aussi aux autres. Le seul moyen de se débarrasser de ce fléau est de s'auto-analyser fréquemment, de découvrir nos faiblesses et d'essayer de les éliminer pour mener une vie réussie. Ce n'est pas un travail difficile. J'ai lu une histoire d'un petit garçon sur Internet, mais je ne sais pas qui l'a écrite. Je vous en donne la traduction en anglais ci-dessous.

Histoire : L'auto-analyse authentique

Un petit garçon, âgé d'environ 11-12 ans, est allé dans une pharmacie et a demandé la permission au propriétaire du magasin de lui permettre de passer un appel téléphonique. Il a essayé d'appeler un numéro encore et encore, et à chaque fois, il devait payer de l'argent. Il n'avait pas assez d'argent sur lui. À sa dernière tentative, il a pensé à son Dieu et a prié pour son aide. L'appel a été décroché par une femme et il a commencé sa conversation.

Le petit garçon a très poliment demandé : "Madame, pourriez-vous me confier la tâche de m'occuper de votre jardin et de votre pelouse ?"

La femme à l'autre bout du fil a répondu : "Non, je n'ai pas besoin des services de quiconque pour ce travail, car un bon garçon s'occupe déjà de mon jardin et de la pelouse avec toute la responsabilité."

L'enfant a dit : "Madame, je suis prêt à faire ce travail pour la moitié du salaire."

La femme a répondu : "Le garçon qui travaille sur ma pelouse fait son travail avec toute la responsabilité et je suis satisfaite de son travail."

Le garçon a plaidé en disant : "Je suis prêt à effectuer d'autres tâches comme nettoyer votre maison, laver vos vêtements et accomplir d'autres travaux comme vous le souhaitez. Je ferais tout cela pour la moitié du salaire."

La femme a répondu : "Non, je n'ai besoin de personne, merci," et a mis fin à la conversation.

Le garçon a souri et a reposé le téléphone."

Le propriétaire du magasin, qui écoutait cette conversation, s'est approché de lui et a dit : "Mon garçon, j'ai trouvé très bien de voir ta confiance et ton attitude positive. Je serais heureux de t'employer dans mon magasin. Je suis vraiment ravi de te garder dans mon équipe. Aimerais-tu travailler pour moi ?"

Le garçon a dit : "Merci, mais je ne veux pas faire de travail."

Le propriétaire du magasin a dit : "Mais, mon garçon, tu demandais un emploi au téléphone il y a un instant."

Le garçon a répondu : "Monsieur, je ne faisais que tester mon efficacité. Je travaille pour la femme que j'ai appelée."

Il a ajouté : "Et après avoir parlé avec elle, j'ai ressenti une énorme satisfaction personnelle en sachant que la femme était complètement satisfaite de mon travail."

Pouvons-nous tirer de l'inspiration de ce petit garçon en matière d'auto-analyse ?

Chapitre 6

Éviter la cupidité.

Nos aînés ont établi un principe solide : la vie ne se résume pas à être riche, populaire, hautement éduqué ou parfait. Elle réside dans l'authenticité, l'humilité, l'honnêteté, la sincérité et la bienveillance. Mais que faisons-nous dans notre vie ? Nous aspirons à devenir le plus riche possible en un laps de temps court. Nous cherchons à obtenir une éducation très avancée, parfois en soudoyant des individus malhonnêtes pour obtenir une admission, négligeant nos propres mérites et prétendant être des personnalités impeccables. Dans cette quête, nous oublions notre véritable essence et existence. Nous adoptons des pratiques contraires à nos valeurs morales, à notre éthique, et en contradiction avec notre conscience. En conséquence, nous devenons agités, agressifs, perdons notre paix intérieure, attirons des risques inutiles et finissons par nous retrouver confrontés à des problèmes évitables, parfois si graves qu'ils peuvent ruiner nos vies ainsi que celles de nos proches.

Chacun de nous aspire à évoluer dans la vie, ce qui est louable. Mais une croissance saine, solide et vertueuse nécessite du temps et un effort constant dans la bonne direction. Nous manquons de patience pour attendre le moment propice. Nous désirons tout obtenir instantanément, en abondance. Nous cherchons à accumuler davantage, que ce soit nécessaire ou non. Cette habitude devient avec le temps une quête perpétuelle, et pour des gains à court terme, nous risquons notre intégrité à long terme. Notre désir d'accumulation génère le sentiment de cupidité dans nos esprits. Nous savons tous que la cupidité est le désir d'obtenir plus de ce dont nous avons besoin. La cupidité ne se limite pas à l'argent ; ses racines s'étendent au-delà de notre imagination. Elles sont si profondes que la cupidité engendre davantage de cupidité.

Nous avons pu observer de nombreux exemples concrets où des individus menaient une vie paisible avec ce qu'ils avaient, gérant leurs ressources avec soin, et trouvaient satisfaction et joie dans cette existence. Cependant, l'appât du gain les a poussés vers l'argent, la richesse, les bijoux, les possessions et les gadgets les plus récents et coûteux. Beaucoup ont réussi à atteindre leurs objectifs. Ils semblaient avoir amélioré leur statut, recevant les louanges et le respect de leur entourage. Cependant, ces personnes avides, qui ont accumulé de la richesse au fil du temps, sont devenues agitées. Elles ont cessé de mener une vie paisible, ayant directement ou indirectement trompé et triché pour obtenir de la richesse par cupidité. Nous savons que ceux qui trompent les autres ou leur font du tort voient leur cupidité révélée. En conséquence, les individus autour d'eux cessent de les respecter et de les louer, car on doute toujours des motivations des avares. En parallèle, ces personnes avides perdent leur clientèle, leurs amis, leurs proches et, surtout, leur fiabilité. Au bout du compte, les personnes avides mènent une existence isolée, malheureuse et insatisfaite, dépourvue de bonheur.

Quelles sont les motivations derrière la cupidité ?

Dans le cours ordinaire de la vie, on remarque que les personnes avares convoitent davantage d'argent ou de richesses matérielles. Cependant, la cupidité ne se limite pas toujours à l'argent ou aux biens. Certains individus désirent toujours plus que leur part ou nourrissent une forte convoitise pour quelque chose, que ce soit utile ou non, surtout aux dépens des autres.

Examinons quelques exemples de cupidité autres que celle liée à l'argent :

Lors d'une fête ou d'un mariage, le repas est généralement servi sous forme de buffet. Les plats sont disposés sur des tables et les invités se servent en se déplaçant le long du buffet. Après avoir rempli leurs assiettes, ils rejoignent leur table pour manger. La plupart des convives se servent seulement de ce qu'ils sont sûrs de pouvoir consommer parmi leurs plats favoris. Cependant, il arrive que l'on observe quelqu'un qui surcharge son assiette au-delà de ses capacités, accumulant une pile de nourriture. Cette personne a du mal à transporter son assiette jusqu'à sa table, risquant de salir ses vêtements et de perturber les autres convives pour gérer son surplus de nourriture. Finalement, cette personne jette son assiette avec une grande quantité de nourriture non consommée.

De même, on peut avoir remarqué des individus consommant au-delà de leurs limites lors de fêtes ou d'événements, perturbant ainsi l'ambiance de la réunion, en particulier lorsqu'il n'y a pas de frais engagés.

Nombreux sont les employés qui s'attribuent le mérite du dur labeur d'autres collègues simplement par des actes de flagornerie. Certaines personnes avides au sein de l'entreprise émettent de fausses factures à l'employeur pour des dépenses qu'ils n'ont pas réellement engagées au nom de la société.

Il est possible d'avoir observé des joueurs perdre tout ce qu'ils possédaient uniquement par appât du gain.

Lorsque l'appât du gain nous submerge, nous oublions nos principes moraux, notre éthique et notre honnêteté. Ce n'est pas exclusivement les individus avides qui deviennent malhonnêtes ou renoncent à leurs valeurs morales. Même une personne fondamentalement honnête, respectant des principes élevés, peut succomber à la cupidité.

Histoire : La cupidité l'emporte sur l'éthique

Une fois, j'ai lu un poème très amusant écrit en langue punjabi dans un livre intitulé "Bhaiya Once More". La morale du poème est à peu près la suivante :

Il était une fois, dans un village du Punjab, en Inde, un homme pauvre, honnête et doté de fortes valeurs morales. Satisfait de sa condition modeste, il n'avait jamais trompé quiconque pour son propre bénéfice. Sa vie avec sa femme était simple et paisible. Un jour, après une journée de dur labeur aux champs, son employeur lui remit une prime de 50 roupies en espèces. Il était enchanté par cette somme, qu'il n'avait jamais reçue auparavant. Sa femme, quant à elle, désirait depuis longtemps déguster du pain farci aux pommes de terre. Elle lui demanda alors d'aller en acheter chez un marchand de légumes voisin. L'homme pauvre accepta avec joie de réaliser le souhait de sa femme.

Sur le chemin pour acquérir les pommes de terre, il trouva un portefeuille abandonné au coin de la route. Intrigué, il le ramassa et l'examina, découvrant à l'intérieur un paquet de billets de banque. Il remercia immédiatement le Ciel pour cette fortune inattendue, considérant ces billets non seulement comme de l'argent trouvé, mais comme une opportunité unique. Il rêvait déjà en grand : acheter des terres, démarrer son propre commerce agricole, bâtir une grande maison, offrir des vêtements somptueux à sa femme, et ainsi devenir un homme de statut, loin de sa condition de simple ouvrier journalier.

Cependant, une inquiétude le traversa : que se passerait-il s'il perdait cet argent ? Et que ressentirait le véritable propriétaire ayant perdu une telle somme ? Sa conscience le tourmentait : il n'avait pas le droit de conserver cet argent, il devait le rendre. Alors que son être intérieur l'incitait à la restituer, son esprit, lui, le poussait à garder cet argent comme une bénédiction de Dieu pour réaliser ses rêves. Un conflit intérieur s'installa : la montagne de cupidité prenait forme dans son esprit.

Sa conscience intérieure le mettait en garde fermement. "Ne sois pas avide. Garder cet argent n'est pas juste, car il ne t'appartient pas. Cela pourrait engendrer de nombreux problèmes dans ta vie. Laisse-le de côté et sois prêt à le rendre à son véritable propriétaire."

Perplexe face aux suggestions de son esprit et aux directives de sa conscience, il ferma les yeux, implora l'aide de Dieu et sollicita des conseils. Quand il rouvrit les yeux, sa résolution fut claire : cet argent ne lui appartenait pas. Il se devait de le rendre à son propriétaire légitime.

Avec cette pensée, il se dirigea vers le commissariat de police le plus proche et remit le portefeuille, plein d'argent, demandant de l'aide pour le retourner à son véritable détenteur.

En revenant du commissariat, il se rendit chez un marchand pour acheter les pommes de terre pour sa femme. Alors que le marchand était occupé à servir d'autres clients, l'homme, succombant à la tentation, en vola deux dans son magasin avant de rentrer chez lui.

Étonnamment, il n'a pas été tenté par un portefeuille rempli d'argent, mais a basculé vers le vol pour économiser quelques pièces.

Cette histoire met en évidence comment un homme, pour marcher sur le sentier de l'honnêteté, est prêt à sacrifier tout ce qu'il n'a pas gagné honnêtement, même pour mener une existence paisible. Pourtant, cette même personne, aveuglée par la cupidité, devient elle-même victime du vol, même pour une somme minime, subissant humiliations et châtiments. Une peine de prison, aussi légère soit-elle, déshonore cette personne dans la société, lui faisant perdre fierté, respect et confiance, même parmi les plus démunis.

Histoire : Les conséquences coûteuses de la cupidité

M. John fut radieux lorsque la direction approuva une significative augmentation de salaire lors de la dernière réunion du conseil d'administration. Une hausse de 30 % accompagnée d'une prime alléchante lui fut accordée. Certains de ses collègues étaient envieux de cette augmentation substantielle de salaire. Pourtant, malgré ces avantages, il restait insatisfait. D'autres de ses amis travaillant dans des entreprises différentes gagnaient davantage, nourrissant ainsi son insatisfaction. Il estimait que sa société ne le récompensait pas à sa juste valeur, jugeant mériter au moins une augmentation de 40 % pour avoir contribué au succès colossal de l'entreprise.

Doté déjà d'une vaste maison, d'une voiture récente et coûteuse, ainsi que d'une grande parcelle de terrain dans sa ville natale, John possédait une somme confortable à la banque, était actionnaire à hauteur de 5 % dans la société et bénéficiait de dividendes conséquents chaque année. En outre, il percevait un loyer substantiel de la propriété que son défunt père lui avait léguée.

Malgré ses revenus élevés, ses bénéfices et ses autres avantages, John se questionnait toujours sur son mérite. En tant qu'individu hautement éduqué et expérimenté, capable de mener à bien les projets les plus ardus de l'entreprise, il ne se sentait toujours pas satisfait. Il aspirait à être reconnu comme le fondateur d'une nouvelle entreprise, possédant des milliards en actifs.

Ses pensées étaient constamment tournées vers l'obtention de davantage. Emprisonné dans un sentiment perpétuel de mécontentement, il cherchait sans relâche des moyens d'acquérir plus.

Il entra en contact avec un groupe d'escrocs, alléchés par des plans lucratifs leur promettant des gains rapides. Aveuglé par la cupidité, il investit une somme colossale dans leur plan, escomptant d'énormes bénéfices. Mais que se passa-t-il ? Il commença à perdre son argent. En proie à la colère, à la frustration et au désarroi, les échanges se muèrent rapidement en disputes acerbes.

Au cours de ces échanges animés, il ressentit subitement un malaise, perdit l'usage de ses sens, cessa de voir, d'entendre et de parler, s'effondrant brusquement. Hospitalisé en urgence, on lui diagnostiqua une grave crise cardiaque. Après quelques jours en soins intensifs sous assistance vitale, il fut déclaré décédé deux jours plus tard. Avec lui, ses rêves de gains sans fin trouvèrent également leur fin.

Dans notre quête incessante de plus, dans notre volonté de paraître supérieurs et d'accumuler davantage, nous négligeons souvent notre bien-être. Nous nous épuisons, négligeons notre alimentation, sautons des repas, du repos et du sommeil. Il est probable qu'un jour, nous puissions tout perdre prématurément.

Bien que les conséquences de la cupidité ne soient pas toujours aussi extrêmes, il est indéniable que cette cupidité a engendré et continue de causer des dommages à notre image, à nos relations, à notre amitié, et à la société dans son ensemble. La principale cause de nos souffrances réside dans cette cupidité. Elle peut être issue de notre égoïsme, de notre insécurité, ou de la peur de perdre quelque chose de précieux. La cupidité naît de notre désir immédiat d'accumuler ce qui n'est pas nécessaire à notre survie, mais nuisible pour les autres. Une cupidité non maîtrisée peut nous coûter excessivement cher. Nous risquons de perdre nos amis, nos relations, nos contacts professionnels et notre réputation. À la fin de notre vie, tout ce que nous aurons accumulé dans ce monde mortel sera abandonné pour être utilisé par d'autres.

Histoire : La vraie accumulation de richesse

À l'époque où Guru Nanak Dev Ji voyageait à Lahore, une règle inhabituelle régnait : chaque individu devait arborer autant de drapeaux sur sa maison que le montant d'argent qu'il possédait. Duni Chand détenait une propriété valant 20 crores à Lahore, ce qui se traduisait par l'affichage de 20 drapeaux sur le toit de sa demeure. Duni Chand apprit la venue de Guru Nanak à Lahore. Il se rendit vers lui avec une grande dévotion, se prosterna pour toucher ses pieds, et lui demanda l'opportunité de le servir. En réponse, Guru Nanak Ji lui remit une aiguille en disant : "Prends-la maintenant et rends-la-moi dans ta prochaine vie." Duni Chand prit l'aiguille mais se demanda comment il pourrait l'emporter dans sa prochaine vie après sa mort. Il retourna voir Guru

Nanak pour demander : "Comment puis-je emporter cette aiguille dans ma prochaine vie ?" Guru Nanak répondit alors : "Si tu ne peux emporter une aiguille dans ta prochaine vie, comment pourrais-tu emporter autant de richesse ?" Cette réponse éveilla Duni Chand. Dès lors, il commença à aider les opprimés.

Cette histoire souligne que l'accumulation de richesse devrait être équilibrée selon les besoins réels. La cupidité nous pousse à accumuler de la richesse, mais pourrions-nous l'emporter dans notre prochaine vie ? Probablement pas. En transmettant cette vérité, Guru Nanak ouvrit les yeux de Duni Chand.

Notre ancien président, Shri A.P.J. Abdul Kalam, l'a magnifiquement expliqué :

L'argent est une petite pièce

La santé est une grosse pièce

L'amour est une pièce chanceuse

La relation est une pièce douce

L'amitié est une pièce en or

Accumulons-les tous en fonction de nos besoins.

Quelles sont les causes de la cupidité

La cupidité est un concept aux contours flous, difficile à définir avec précision en raison de ses multiples dimensions. En somme, elle symbolise le principe selon lequel "jamais assez n'est jamais suffisant". Sous toutes ses formes, la cupidité s'apparente à toute autre forme de dépendance. Les individus avides deviennent excessivement dépendants, que ce soit vis-à-vis d'une substance, d'une relation, d'une activité, ou encore de la richesse et de l'argent. Leur enjeu est de perpétuellement accroître cette dépendance à la cupidité. Si l'on peut être dépendant de multiples substances, habitudes, ou activités, rien n'équivaut à la dépendance à la richesse et à l'accumulation de biens excédant ceux des autres. Aucun multimillionnaire ou milliardaire ne semble satisfait de ses possessions. Leur quête incessante n'a pas de fin. Ils ne pourront jamais déclarer avoir atteint leur dernier objectif en matière de richesse. La cupidité reflète leur statut et leur ego, leur insécurité sous-jacente, leur peur de perdre, la peur que d'autres acquièrent davantage, et la peur d'entamer leur ego surdimensionné. Il est important de se rappeler que toute émotion ancrée dans la peur est intrinsèquement destructrice.

Certaines personnes mesurent leur estime de soi en fonction de leur richesse, considérant la richesse comme une sorte de dieu. Elles oublient les valeurs essentielles telles que l'amitié, les relations et les responsabilités envers l'humanité. Pour elles, la valeur de l'argent surpasse toute autre considération. Elles suivent un système de valeurs corrompu qui place l'argent au sommet de l'échelle de valeurs. Les personnes avides manquent souvent d'empathie et de compassion envers autrui. Il est crucial de comprendre que nos actions ont des conséquences et que tout finit par se retourner contre nous.

Nous devons renoncer à notre dépendance à la cupidité et adopter une attitude altruiste envers les autres. Pour obtenir ce que nous voulons, aidons les autres à atteindre leurs propres objectifs. Cette règle s'applique à tous les aspects de la vie, y compris l'argent. Par exemple, si vous désirez de l'argent, soutenez des œuvres caritatives ; si vous cherchez l'amour, donnez de l'affection ; si vous recherchez le pardon, soyez indulgent envers autrui. Il est certain que la plupart d'entre nous conviendront que la cupidité pour l'argent est dommageable. Bien sûr, dans une certaine mesure, cela est vrai. Chacun de nous a besoin d'une certaine quantité de richesse pour survivre, pour subvenir à nos besoins quotidiens tels que la nourriture, le logement, les vêtements et autres nécessités. Cependant, la question est de savoir combien est suffisant. L'accumulation excessive de quoi que ce soit est préjudiciable, une leçon que nous avons tous apprise dès notre enfance. Par exemple, une consommation excessive d'alcool peut conduire à l'ivresse, et qu'en est-il de l'accumulation démesurée de richesse, si ce n'est qu'elle peut également causer des préjudices.

Histoire : Les ravages de la cupidité

Un jour, un homme pauvre pria intensément Dieu pour obtenir un vœu. Après satisfaction, Dieu lui accorda une faveur : tout ce qu'il souhaiterait serait doublé pour son voisin. Quand il demanda un festin somptueux, son voisin reçut le double. Étonné, il demanda de l'argent, mais son voisin en obtint le double. Puis, il désira une belle maison, mais son voisin en reçut deux. Chaque vœu tournait à l'avantage de son voisin. Cherchant désespérément un avantage, il finit par souhaiter la perte d'un de ses yeux, causant la cécité de son voisin pour les deux. C'était la seule façon pour lui de surpasser son voisin.

Cette histoire illustre notre jalousie et notre incapacité à tolérer le succès d'autrui. La cupidité nous éloigne des autres et nous rend égoïstes. En devenant égoïstes, nous adoptons un comportement égoïste envers les autres. Nous les sollicitons uniquement en fonction de nos besoins et ne sommes jamais satisfaits de leurs actions en notre faveur. Peu importe leurs efforts ou leur affection, nous aurons l'impression qu'ils n'en font pas assez. La cupidité nous pousse alors à leur arracher ce que nous convoitons, nous transformant en des personnes capables d'infliger intentionnellement des douleurs à autrui. La cupidité peut même nous inciter à exercer un chantage, que ce soit physiquement, émotionnellement, ou psychologiquement. Elle prend le dessus sur notre esprit et notre cœur, éteignant notre conscience intérieure.

Cette avidité pour posséder davantage que les autres peut nous pousser à des comportements répréhensibles, à la jalousie, à l'envie et à l'hostilité. Sous son emprise, nous oublions nos relations amicales, professionnelles, notre image et parfois même notre éthique. La préservation de soi est importante, mais nous oublions qu'elle englobe non seulement l'individu mais aussi la société dans son ensemble, allant de la famille aux amis, et même aux inconnus.

Les quatre formes de cupidité selon la Bible.

La Bible, livre saint, évoque la cupidité selon Chad Hovind dans Dodonomic. Il identifie quatre formes, décrivant la cupidité comme une termite : invisible, mais capable de ronger profondément nos cœurs. Son existence, tout en épuisant nos ressources, reste insidieuse. Jésus nous a mis en garde, suggérant que nous pourrions déjà être affectés par cette cupidité. Si nous avons du mal à l'identifier, voici comment elle se manifeste.

1 L'Accumulation :

Nous sommes tous affectés par cette aspiration. Chacun rivalise pour accumuler au-delà de ses besoins. Ce processus nous pousse à prendre ce qui devrait revenir à d'autres, à ceux dans le besoin et à ceux qui n'ont rien. C'est une tendance commune alimentée par notre cupidité. Pour un accumulard, l'obsession de la vie l'incite à croire qu'il ne peut être généreux avec son argent tant qu'il n'a pas mis de côté suffisamment pour assurer sa retraite. En accumulant, nous devenons anxieux à propos de l'avenir. Nous plaçons plus de confiance en l'argent qu'en notre foi, notre confiance, ou nos capacités. La crainte de l'insécurité nous pousse à ignorer les besoins des autres. Nous considérons comme notre responsabilité première d'accumuler suffisamment d'actifs pour sécuriser notre futur, négligeant les besoins immédiats de nos proches, voisins, amis et autres membres de la société. Il est essentiel de se rappeler qu'un accumulard tombe dans le piège de diriger toutes ses ressources pour l'unique avantage d'une seule personne : lui-même. La sécurité ne provient pas de l'accumulation excessive. Peu importe ce que nous amassons, nous ne nous sentirons jamais complètement en sécurité, car comment déterminer quelle somme est suffisante pour toute une vie ? Une accumulation excessive de biens est non seulement inutile mais également considérée comme un péché.

2 La Dépense Excessive :

Cette forme de cupidité s'intègre aisément dans la vie des personnes impatientes. Nos besoins et nos désirs se confondent et nous nous retrouvons à dépenser plus que ce que notre revenu permet, ce qui nous conduit à l'endettement. Désirant instantanément des objets, nous sommes prêts à recourir au crédit pour éviter d'attendre. Cette habitude accumule des biens superflus et, en fin de compte, nous oblige à rembourser des dettes considérables ou à faire face à des poursuites judiciaires.

3 La Comparaison :

La modernisation technologique et le style de vie contemporain ont engendré des comportements qui ne devraient pas exister. La plupart des individus dans les sociétés modernes sont touchés par cela. Une course effrénée s'engage pour acquérir les derniers gadgets et équipements lancés quotidiennement par des entreprises déjà envahies par l'insecte de la cupidité. Cette soif nourrit une compétition perpétuelle, incitant à égaler le mode de vie des autres. Elle nous pousse à dépenser continuellement pour démontrer notre égalité avec un voisin, un ami, un collègue ou un parent. Cette forme de cupidité est étroitement liée à l'envie.

4 La Luxure du Pouvoir et de la Position :

Quand nous croyons que l'abondance est notre droit et que nous y avons droit, nous oublions que cette idée est ancrée dans la cupidité. Cela revient à croire que quelqu'un nous doit quelque chose. En proie à la cupidité, nous attendons des autres qu'ils nous donnent quelque chose et qu'ils le paient. C'est une forme de cupidité qui dénote un manque de gratitude.

5. La cupidité du Pouvoir, du Statut et de la Célébrité :

L'appétit insatiable pour le pouvoir et la renommée joue un rôle extrêmement destructeur dans l'histoire humaine. Les pages de l'histoire regorgent de souffrances et de douleurs causées par l'avidité de ceux au pouvoir. Cette cupidité ne se limite pas à l'argent, elle va au-delà de l'approche matérielle. Elle est la cause principale de la corruption, de l'abus de pouvoir et des manipulations à des fins personnelles. L'infection de la cupidité n'affecte pas seulement un individu, mais peut également propager cette maladie dans un foyer.

6. Dans l'Arène Politique :

Cette cupidité découle d'un désir généralisé de pouvoir, de statut, de renommée et de reconnaissance. Dans le contexte politique, les citoyens souffrent des attitudes cupides de leurs dirigeants qui créent une instabilité politique et sociale pour satisfaire leurs désirs personnels. En Inde, les dirigeants élus par le peuple sous une bannière politique rejoignent souvent des partis opposés, violant les normes électorales et trompant les électeurs. Ils le font dans l'objectif de servir leurs propres intérêts. Certains changent de camp avec l'assurance d'obtenir un portefeuille ministériel. Pour accroître leur influence politique, certains soi-disant dirigeants n'hésitent pas à recourir à la violence. En Inde, les partis politiques se livrent à des jeux politiques basés sur la religion, la langue, la caste et la confession, utilisant des tactiques agressives et employant un langage injurieux entre eux. Certains dirigeants politiques sont motivés par un seul but : accumuler des richesses par des moyens éthiquement répréhensibles, participant à des scandales nationaux, voire menant des activités anti-nationales. Leur principal principe est l'enrichissement personnel, et le pouvoir politique est utilisé pour atteindre cet objectif. Il est devenu courant en Inde que les partis politiques abandonnent leurs principes et leurs manifestes pour former des alliances afin d'accéder au pouvoir politique. Ils sont prêts à s'allier avec leurs adversaires acharnés pour satisfaire leurs désirs. L'histoire de la grande guerre indienne du Mahabharata en est un exemple vivant. Par avidité du royaume, Duryodhana avait refusé de concéder seulement cinq villages aux Pandavas. Le résultat fut la perte totale du royaume.

La Cupidité au Travail

Notre bureau ou lieu de travail est l'endroit où la politique joue un rôle sous le joug de la cupidité. Nous travaillons tous très dur au bureau, non pas pour la croissance de l'entreprise, mais pour nos gains matériels personnels. Chacun d'entre nous est dans la course effrénée pour obtenir un certain poste, une promotion et atteindre un statut où nous pouvons exercer notre autorité incontestée. Tout cela n'a qu'un seul et unique objectif : obtenir autant que nous le souhaitons. De plus, nous aspirons à de nombreux autres avantages que l'autorité dont nous bénéficions. Bien des fois, nous trahissons nos collègues et nous attribuons la part de mérite pour des travaux qui n'ont pas été accomplis par nous. Dans n'importe quel lieu de travail, la politique de bureau nous pousse à la jalousie, à l'envie et à la rivalité. Nous essayons d'adopter différentes tactiques et stratégies contre nos collègues simplement pour prendre le dessus. Les employés innocents et honnêtes qui ne font pas partie de la politique de bureau souffrent également de notre cupidité.

La Cupidité dans les Affaires

Lorsque nous nous lançons dans les affaires, nous entendons gagner de l'argent, car les affaires consistent à gagner de l'argent. Et l'argent provient du profit que nous tirons de nos affaires. Plus le profit est élevé, plus nous sommes considérés comme ayant du succès. C'est le seul critère pour juger de la réussite de l'entreprise. Nous pensons que seul le profit fait le succès dans les affaires. Cette idéologie nous pousse à gagner le maximum de profit au détriment de tout le reste. Sans aucun doute, le profit est un facteur très important pour toute entreprise, mais la poursuite aveugle du profit peut nuire à notre entreprise à long terme. Le problème de la cupidité ne se limite pas à gagner de l'argent et à faire fortune, mais c'est une faiblesse humaine. Elle nous rend malhonnêtes, et nous savons tous que c'est mal d'être malhonnête. Gagner un profit de manière éthique et honnête est une chose. Mais cela devient maléfique lorsque cela se fait au détriment de nos principes sains pour faire des affaires. C'est uniquement notre cupidité qui nous rend malhonnêtes. Tout le monde sait que la malhonnêteté est mal. La malhonnêteté ne rapporte rien sinon elle nous déshonore dans la société lorsque nous sommes pris en flagrant délit de malhonnêteté. Malgré notre réputation ternie, nous n'hésitons pas à gagner de l'argent de manière malhonnête. Y a-t-il de la cupidité derrière un homme malhonnête ? Il y a un dicton très célèbre :

Il n'y a pas de tel chose qu'un homme d'affaires honnête.

En raison des moyens non éthiques de gagner de l'argent, les gens pensent que tout homme d'affaires est malhonnête. Il existe des exemples vivants. Chaque commerçant prétend proposer des produits de qualité au meilleur tarif ; d'autres offrent des remises importantes sur les ventes. Un autre commerçant affiche une enseigne pour des ventes en gros à des tarifs de gros. Toutes ces tactiques ont pour seul objectif de séduire les clients. Nous savons tous que toutes ces tactiques ne visent qu'à stimuler leurs ventes et à gagner plus de profit. Les principes sains de l'éthique et de la morale appartiennent au passé pour eux. Il est très facile pour un homme malhonnête de devenir égoïste.

Vous avez peut-être entendu l'expression :
"Un tiens vaut mieux que deux tu l'auras."

Histoire : L'homme cupide devenu égoïste

Il était une fois un homme cupide. Il voulait posséder tout, même au-delà de ses besoins. Il n'était pas prêt à se séparer de quoi que ce soit, pas même de ses proches et de ses amis.

Un jour, alors qu'il rentrait chez lui après avoir collecté de l'argent auprès des commerçants avec lesquels il faisait affaire, il réalisa qu'il avait perdu son petit sac contenant 2 000 roupies. Il se sentit très triste et alla voir son ami pour partager sa peine. Son ami était une personne honnête. Il entra chez lui et apporta un petit sac qu'il avait trouvé en chemin. L'homme cupide fut ravi de retrouver son argent. Il compta et trouva 2 000 roupies dans le sac. Il était heureux d'avoir récupéré son argent perdu. Étant cupide par nature, il envisagea de manipuler pour extorquer de l'argent supplémentaire à son ami honnête.

Il recompta l'argent en présence de son ami honnête et déclara que l'argent était bien moins que ce qu'il avait en réalité. J'avais gardé 20 000 roupies dans ce sac, mais il n'y en a que 2 000 dans ce sac, accusa-t-il son ami. C'était une accusation fausse. Je n'ai pas pris un centime de ce sac. J'allais simplement au poste de police pour déposer ce petit sac car il ne m'appartient pas. Je voulais que le sac soit rendu à son propriétaire légitime. Quand tu m'as raconté ton histoire, je te l'ai simplement remis. Je n'avais même pas ouvert ce sac. Comment aurais-je pu savoir combien d'argent il y avait dans le sac ?

L'homme cupide a insisté pour que son ami lui paie 18 000 roupies, car son sac contenait 20 000 roupies et il n'en restait que 2 000. L'ami honnête a refusé de lui donner de l'argent. L'homme cupide est allé au tribunal et a informé le juge de ce qui s'était passé entre lui et son ami.

Le juge a demandé à l'homme honnête combien d'argent il avait trouvé dans le sac. Il a répondu : "J'ai trouvé ce sac dans la rue. Comme il ne m'appartenait pas, je ne l'ai pas ouvert. J'ai décidé d'aller au poste de police et de remettre le sac avec une demande qu'il soit remis à son propriétaire légitime. Avant que je puisse me rendre au poste de police, mon ami est venu me voir pour partager son problème. J'ai sorti le sac et je le lui ai remis. Je ne sais rien sur la somme d'argent qui était dans le sac."

Was this response better or worse?

Le juge, après avoir écouté attentivement l'homme honnête, a demandé à l'homme cupide : "Combien d'argent avez-vous dit qu'il y avait dans votre sac lorsque vous l'avez perdu ?"

L'homme cupide a dit : "vingt mille."

Le juge a déclaré que ce sac contenant 2 000 roupies n'appartient pas au plaignant, car il ne contient que 2 000 roupies et non 20 000 roupies. Il peut appartenir à quelqu'un d'autre dont le sac contenait 2 000 roupies. Ce sac sera déposé sous la garde du tribunal. Si quelqu'un signale avoir trouvé un sac contenant 20 000 roupies, vous en serez informé.

L'homme cupide allait perdre ses 2 000 roupies, il a immédiatement avoué qu'il avait menti et qu'il avait perdu seulement deux mille roupies, mais le juge a refusé d'accepter sa demande et a déposé l'argent sous la garde du tribunal.

L'homme cupide n'avait pas seulement perdu son argent, il avait également perdu un ami honnête.

Cette histoire nous enseigne que la cupidité nous pousse à être malhonnêtes et que la malhonnêteté ne paie jamais. Pourquoi un homme d'affaires travaille-t-il si dur ? Est-ce seulement pour gagner de l'argent ? Nous savons tous que l'argent n'est pas le but de notre vie. L'argent est destiné à autre chose. On ne peut pas être riche avec la possession d'une énorme richesse et d'argent. Leo Toe a raison :

"Produire sans posséder, travailler sans attendre, agrandir sans usurper et savoir quand on a assez, c'est être riche."

7 . La compagnie de mauvaises personnes.

En tant qu'êtres humains, nous vivons dans un monde où nous sommes influencés par les personnes qui nous entourent, et plus important encore, nous essayons de suivre les traces de ceux qui sont la plupart du temps en notre compagnie. C'est la compagnie qui façonne notre caractère, notre pensée, nos paroles, nos actes et notre personnalité. Si nous sommes en bonne compagnie, nous pouvons accomplir des choses que nous n'aurions jamais imaginées. Une mauvaise compagnie détruit notre caractère de multiples façons. Rarement pouvons-nous trouver une personne qui peut rester fidèle à son caractère en étant entourée de la compagnie de mauvaises personnes ou de bonnes personnes. Il nous appartient de décider quelle compagnie nous devrions fréquenter.

Il est dit que nous développons nos opinions et nos habitudes en fonction de la compagnie que nous fréquentons. Si les personnes de notre compagnie ont une pensée positive et un caractère moral élevé, nous en tirerons certainement profit. Si nous fréquentons la compagnie de mauvaises personnes, soyez sûr que notre vie va se détériorer en apprenant toutes les mauvaises choses d'elles. Nous sommes tous des êtres sociaux et nous sommes obligés de fréquenter certaines compagnies, car en vivant dans une société, nous dépendons tous les uns des autres pour nous chercher mutuellement et nous aider, discuter de nos problèmes et échanger nos points de vue. Lors des discussions, nous sommes influencés par la compagnie d'une personne avec qui nous passons du temps. Si nous sommes en compagnie de mauvaises personnes, nous serons sûrement influencés par leurs mauvaises habitudes, leur mauvais comportement et leur mauvaise conduite. En revanche, en compagnie de bonnes personnes, le ciel est la limite pour rassembler non seulement des effets positifs, mais cela nous permet de nous débarrasser des mauvaises habitudes que nous avons apprises jusqu'à présent. Laissez-nous lire l'histoire de deux jumeaux nés dans une famille d'un homme très pauvre qui n'était pas en mesure de s'occuper d'eux

Histoire des jumeaux

Un mendiant de profession a été béni de jumeaux dans une hutte très mal entretenue à la périphérie d'un village isolé. Il vivait au jour le jour, incapable de gagner suffisamment pour joindre les deux bouts. Incapable de s'occuper des nouveau-nés, il les a laissés dans l'enceinte d'un temple. En d'autres termes, il a laissé les deux jumeaux sous la protection de Dieu. Il n'était pas facile pour lui de laisser des enfants nouveau-nés mourir ou être emmenés par quelqu'un ayant besoin d'enfants. L'un d'eux a commencé à pleurer bruyamment, affamé. Il y avait un groupe de brigands qui passait par là. Lorsque le chef a entendu les pleurs de l'enfant, il n'a pas pu résister et s'est approché des jumeaux en pleurs. Cela faisait dix ans qu'il était marié, mais il n'avait pas d'enfant. Il n'a pas pu résister à la tentation de les prendre et de les offrir en cadeau à sa femme. Cependant, prendre soin de deux enfants n'était pas possible pour sa vie de vagabond. Il a emmené un enfant avec lui.

Après un certain temps, le prêtre du temple a remarqué un enfant seul, couché sur les marches du temple, sans surveillance. Il a scruté les environs à la recherche de ses parents, mais en vain. Finalement, il a pris l'enfant avec lui, l'adoptant comme son propre fils. Environ dix ans plus tard, un voyageur passant à proximité du village de l'homme pauvre, épuisé, s'est assis sur une pierre près du camp des brigands pour se reposer. À peine avait-il pris place que ses yeux se posèrent sur un jeune enfant devant lui, clamant d'une voix forte : "Venez tous ici, il y a un homme nouveau, il semble riche, nous pouvons le dépouiller de ses biens." Fixant le voyageur, l'enfant ajouta : "Pourquoi es-tu ici, espèce d'idiot ? Nous allons te tuer et te dérober tout ce que tu possèdes." Surpris par le comportement agressif de cet enfant, le voyageur apeuré quitta rapidement les lieux, fuyant pour sauver sa vie et ses biens. Épuisé et cherchant désespérément du réconfort, il aperçut un temple à proximité où il s'installa, tremblant de peur, méditant sur les paroles de l'enfant. Soudain, un autre enfant apparut, s'inclinant poliment devant le voyageur et lui souhaitant la bienvenue. "Bienvenue, monsieur. Ce temple est la maison de Dieu. Vous êtes invité à vous reposer. Si vous avez besoin de nourriture, nous pouvons en organiser pour vous. Il y a de délicieux fruits dans la forêt, servez-vous à votre guise. Vous ne rencontrerez aucun obstacle ici. Le saint homme vous traitera avec bienveillance." Le voyageur, impressionné par l'attitude chaleureuse de cet enfant contrastant avec la terreur ressentie face à l'autre, apprit que ces enfants étaient en fait des frères jumeaux. L'un avait été élevé par un brigand et l'autre par un prêtre. Leur comportement reflétait l'influence de leur entourage.

Il est un fait marquant dans nos vies : il n'est pas nécessaire de devenir une personne de bien en fréquentant de bonnes personnes. Nous pourrions ou non embrasser des valeurs positives en compagnie de personnes vertueuses, mais il est indéniable que fréquenter une mauvaise compagnie nous entraînera sûrement vers une voie néfaste. Adopter de bonnes habitudes dans la vie peut s'avérer difficile, alors que suivre des voies néfastes semble non seulement aisé mais aussi séduisant. Cette facilité peut suffire à nous entraîner vers des traits de caractère nuisibles.

Mais que se passe-t-il si nous restons en compagnie de personnes néfastes ? Même si de rares exceptions pourraient contredire ce concept, que dire de notre vie sociale, de notre entourage ? La plupart des individus nous jugent selon la compagnie que nous fréquentons. Si, entourés de mauvaises personnes, nous parvenons à conserver nos valeurs, la société ne nous épargnera pas. Nous serons toujours associés à notre entourage.

En compagnie des flatteurs, nous évoluons avec des individus prêts à satisfaire nos moindres désirs. Ils expriment ce que nous souhaitons entendre, agissent selon nos souhaits, adoptent notre langage, et se conforment à chacune de nos volontés. Ils s'accordent avec tout ce que nous suggérons, ajustent leurs chaussures à nos désirs. Ils se plient pour maintenir une harmonie parfaite avec nous, se conformant à leurs propres intérêts. Si, la nuit, nous déclarons que le soleil brille, ils ressentiront volontiers sa chaleur, ou la fraîcheur de la lune en plein jour. En somme, ces individus nous suivent aveuglément, attentifs à leurs intérêts personnels. Si nous agressons un vieil homme, ces flatteurs nous admireront pour notre action, uniquement pour obtenir quelque chose en retour. Pourquoi ces individus nous suivent-ils aveuglément ? Parce qu'ils ne nous apprécient pas pour notre personne, mais pour ce qu'ils espèrent obtenir de nous. Ils n'osent pas pointer nos défauts, remettre en question nos actes répréhensibles ou souligner nos lacunes. Les bons amis ne cautionneront jamais nos mauvaises actions ou notre pensée négative. Les personnes intègres ne flatteront pas seulement pour leurs intérêts personnels. Elles ne tolèrent pas de nous voir persévérer dans une voie qui pourrait nous mener à notre perte.

Le flatteur est un individu hypocrite et servile, louant pour ses propres intérêts. Il cherche à réaliser ses ambitions en exploitant les autres. C'est un manipulateur rusé, maître dans l'art de profiter des opportunités, sans scrupules et dépourvu de respect de soi. Toutefois, malgré son manque de dignité, il sait apaiser sa cible pour en tirer des bénéfices. Il sait dominer et contrôler l'esprit et le cœur des individus influents pour les modeler selon ses désirs. Se courbant pour le moindre avantage, il peut s'agenouiller devant qui que ce soit. Méfiez-vous de ces flatteurs, car nous pourrions facilement devenir leur proie.

"Ceux qui gaspillent notre temps.

Francis Chan a justement dit,"

"Notre plus grande crainte ne devrait pas être l'échec, mais réussir dans des choses de la vie qui n'ont pas d'importance."

De la même manière, William James a dit, "La grande utilité de la vie est de la consacrer à quelque chose qui perdurera au-delà d'elle."

"Nous pouvons considérer ces citations de grands penseurs comme pertinentes ou non, mais elles transmettent un message très important pour que nous comprenions leur signification cachée. Nous sommes tous en train de lutter avec acharnement pour des choses qui n'ont aucune importance pour notre meilleure vie et nos perspectives. Nous gaspillons simplement notre temps précieux sur des choses qui n'ont aucune importance. Une de ces choses est de passer notre temps précieux en compagnie de ceux qui ont des idées, mais uniquement en ce qui concerne des choses qui n'ont pas d'importance. Ils nous inviteront à nous asseoir et jouer aux cartes pendant des heures dans une journée, en faisant passer le temps à nos dépens. Ils nous inviteront à regarder un film qu'ils aiment beaucoup. Ils nous entraîneront même dans un jeu de hasard pour leur amusement. Dieu sait qu'un jour ils pourraient nous pousser à forcer un coffre-fort pour leur amusement et leur plaisir, pour satisfaire leurs désirs."

"La compagnie de personnes qui gaspillent notre temps est comme des barrières mises en place pour arrêter notre progression."

"Pour surmonter de telles barrières, nous devons apprendre la valeur de notre temps. Il est inestimable et une fois écoulé, il ne sera plus jamais disponible. Il deviendra notre passé, qui ne reviendra jamais pour nous donner une autre chance de correction. Nous savons tous que le temps est très précieux. Nous savons aussi que le temps passé ne reviendra jamais. Mais nous sommes tous déterminés à gaspiller notre temps précieux en compagnie de personnes inutiles. Quelqu'un a dit à juste titre : 'Avoir les mauvaises personnes dans votre vie vous fera manquer vos bénédictions.' Lorsque nous réalisons que les gens gaspillent notre temps, nous devrions comprendre qu'ils arrêtent simplement notre progression. Les personnes qui nous éloignent de notre croissance doivent être écartées de notre vie. Pour la valeur du temps, une personne sage a énuméré les faits suivants :-

"Pour réaliser la valeur d'une année, demandez à un étudiant qui a échoué à son examen final.

Pour réaliser la valeur d'un mois, demandez à un employé à qui on n'a pas versé son salaire. Pour réaliser la valeur d'une semaine, demandez à l'éditeur d'un journal hebdomadaire. Pour réaliser la valeur d'un jour, demandez à un ouvrier journalier qui a une grande famille à nourrir.

Pour réaliser la valeur d'une heure, demandez à des amoureux qui attendent de se retrouver. Pour réaliser la valeur d'une minute, demandez à quelqu'un qui a raté le train, le bus, l'avion. Pour réaliser la valeur d'une seconde, demandez à quelqu'un qui a survécu à un accident."

Partagez votre temps avec des personnes précieuses, celles qui nous aident à évoluer, et non avec celles qui gaspillent notre temps. Rappelez-vous que le temps ne fait pas de pause. "Je le ferai aussi car tout le monde le fait." Avez-vous déjà pris le temps de réfléchir à nos actions dans la vie ? Souvent, nous nous contentons d'observer les autres et les imitons sans même considérer notre propre être. En général, la plupart des individus suivent la foule. Ils cherchent à faire ce que font les autres, que ce soit en matière d'emploi, d'études, de loisirs ou d'autres aspects de la vie. Nous cherchons tous à atteindre ce que les autres désirent. Mais nous oublions que nous-mêmes, nous ne sommes pas capables de nous suivre, même pas nos propres rêves et souhaits. En d'autres termes, nous ne parvenons pas à suivre notre propre idéologie, mais aspirons à suivre celle des autres. Nous finissons par reproduire ce que font les autres et oublions d'être authentiques. Une citation célèbre de l'écrivain irlandais légendaire Oscar Wilde résonne encore : "Soyez vous-même, les autres sont déjà pris." En substance, Oscar Wilde nous rappelle que pour accomplir ces choses incroyables auxquelles nous rêvons, il n'y a qu'une seule voie : être soi-même. C'est le seul moyen d'améliorer notre individualité. "Soyez vous-même" demeure l'un des conseils les plus puissants que l'on puisse recevoir.

Quel impact a notre cercle social ? Il existe un ancien proverbe bien connu : "On récolte ce que l'on sème." De manière similaire, "Notre compagnie façonne notre avenir." Il est reconnu que notre entourage détermine notre trajectoire future. Une compagnie favorable équivaut à un avenir prometteur, tandis qu'une compagnie néfaste annonce un avenir obscur. Fréquenter de mauvaises personnes nous attire vers des plaisirs immédiats, nous pousse à acquérir tout ce que nous désirons à tout prix, sans tenir compte des conséquences. Beaucoup ont entendu des récits où de séduisantes jeunes filles attirent des jeunes hommes pour finalement les utiliser à des fins peu honorables. De la même manière, une mauvaise compagnie agit comme un doux poison : initialement attirante et agréable, mais ultimement mortelle, tel un suicide. Peu importe notre talent inné, une mauvaise compagnie peut rapidement faire de nous des individus sans valeur ni réussite. Il existe une règle fondamentale qui guide chacun dès le début, déterminant ce qui est bénéfique ou néfaste pour nous. Cependant, lorsque nous ne sommes pas sûrs de discerner le bon du mauvais, comment choisir la compagnie à fréquenter et celle à éviter ? Avant tout, nous devons décider du chemin vers un avenir lumineux ou sombre.

Nous sommes tous conscients que la compagnie de personnes néfastes peut réduire un roi à un mendiant. Alors comment, nous, simples individus, pourrions-nous échapper aux conséquences d'une mauvaise compagnie ?

Si, en aucune manière, nous ne parvenons à rejoindre la compagnie de personnes vertueuses, pour l'amour de Dieu, décidons d'aller de l'avant seuls. De cette manière, personne ne pourra nous induire en erreur. Nous n'avons pas besoin de devenir mauvais en fréquentant des personnes néfastes, car leur simple association suffit à compromettre notre avenir.

Amitié virtuelle

Jusqu'à présent, nous avons évolué dans un monde où nous entretenions des liens avec des amis, des proches, des collègues, des voisins toujours accessibles physiquement pour partager nos peines et nos joies. La proximité avec ces personnes les rendait comme des membres de notre propre famille. Nous les connaissions tous par leurs habitudes, leur nature, et leurs comportements (bons et mauvais), offrant ainsi un espace et des limites pour partager nos sentiments et nos émotions. C'était une protection dans le cercle de personnes que nous connaissions.

Récemment, une nouvelle tendance dans la création d'amitiés a émergé à grande échelle, éclipsant le modèle précédent. Désormais, l'intérêt se porte davantage vers la fréquentation d'amis en ligne via Internet, les réseaux sociaux. Il ne suffit que de quelques clics pour obtenir une compagnie en ligne. Il nous suffit de saisir les mots-clés "amis en ligne" sur n'importe quel moteur de recherche, et en quelques secondes, des pages de résultats s'affichent avec des sites web facilitant l'amitié en ligne, gratuitement. Nous sommes libres d'envoyer ou d'accepter l'amitié de autant de personnes que nous le souhaitons. Rencontrer de nouvelles personnes n'a jamais été aussi facile. La messagerie instantanée et les chats audio et vidéo, devenus très populaires, facilitent les interactions. Chacun de nous possède une adresse e-mail et est inscrit sur un ou plusieurs réseaux sociaux. Sans aucun doute, c'est un moyen de communication efficace, nous permettant de correspondre facilement non seulement avec un individu, mais aussi avec un groupe de personnes, sans frais. Nous sommes tous d'accord pour dire qu'Internet a rendu la communication facile et gratuite. Ce fait semble très séduisant et est largement accepté. Cependant, une chose cruciale que nous oublions est que cette facilité de communication via la technologie Internet est exploitée de manière abusive par de nombreuses personnes. Il peut y avoir des individus qui, se prétendant amis en ligne, entament une amitié dans le seul but de vous escroquer. Nous devrions être très prudents avant d'accepter l'amitié en ligne de personnes inconnues. Avant de cliquer sur la demande d'amitié d'un inconnu, ou avant d'accepter leur demande d'amitié, il est crucial de réfléchir attentivement et de peser les avantages et les inconvénients d'une telle amitié.

Nous convenons tous que l'Internet joue un rôle majeur dans notre vie quotidienne, et nous avons souvent tendance à nous perdre dans le monde fascinant de la technologie numérique. Nous regardons de nombreux films basés sur la science, des aventures ou même des films d'horreur, et parfois nous sommes portés à croire que ce qui se passe à l'écran est vrai et réel. Mais nous savons aussi que tout ce qui est représenté à l'écran n'est pas forcément vrai, correct, ou réel. Les réalisateurs utilisent de nombreuses astuces et effets pour donner vie à l'histoire, et nous finissons par croire à la réalité de ce qui est montré. La vérité est que ce que nous voyons à l'écran n'est pas toujours la réalité.

De même, il existe une multitude de sites web qui utilisent toutes sortes de stratagèmes en ligne, d'effets et de promesses pour recueillir nos informations précieuses à des fins frauduleuses et malveillantes.

Ce n'est pas que tout le monde soit là pour nous tromper en ligne, mais il est indéniable qu'un grand nombre de personnes utilisent la technologie moderne pour duper les autres. Si nous sommes prudents concernant les informations dans les médias ou à la télévision, nous devons également être conscients des nombreuses histoires qui émergent chaque jour sur des individus innocents ayant été escroqués par des amis en ligne, non seulement financièrement, mais aussi dans des aspects plus intimes.

Il est important d'être prudent en acceptant une demande d'amitié ou en entamant une conversation avec une nouvelle personne, et de prendre le temps de réfléchir à deux fois. Nous ne devrions pas trop divulguer d'informations sur nous-mêmes ou nos familles à moins que nous puissions vérifier les références de cette nouvelle personne. Il est essentiel de ne jamais révéler nos coordonnées telles que notre adresse ou notre numéro de portable à une personne avec qui nous discutons précipitamment ou au début de nos échanges. Une grande vigilance est nécessaire pour que nos détails, y compris les photos, ne soient pas accessibles à des individus inconnus.

L'amitié en ligne n'est pas facile à gagner et manque souvent d'aspects émotionnels. Nous pouvons avoir notre propre définition de l'amitié en ligne. Certains la perçoivent comme le partage de pensées et d'informations, mais il est tout de même important de ne pas attendre une véritable amitié à long terme d'une personne rencontrée en ligne. Il y a de nombreux avantages et inconvénients à comprendre de manière sérieuse et attentive.

Avantages et inconvénients de l'amitié en ligne

Il est peu probable de développer une amitié profonde et durable avec un étranger en ligne. Cela peut prendre fin à tout moment, que ce soit de la part d'un soi-disant ami ou de nous-mêmes. Lorsque nous sommes loin de chez nous, certains amis en ligne peuvent offrir un soutien appréciable dans les moments de solitude. Cependant, dans certains cas, ces amis en ligne peuvent s'avérer être des fraudeurs. Les conversations par texte ou vidéo rendent difficile de comprendre l'idéologie d'une personne étrangère avec laquelle nous sommes en contact en ligne. Il est vraiment difficile de découvrir les véritables intentions de quelqu'un qui passe du temps à discuter avec nous. La vérité ne se révèle souvent qu'après un événement, positif ou négatif. Il est toujours préférable d'être vigilant, prudent et attentif. Il est toujours préférable de fréquenter des personnes que nous connaissons personnellement, qu'elles soient bonnes ou mauvaises. Même si nous côtoyons des personnes malveillantes dans notre entourage physique, nous connaissons déjà leurs intentions. Une chose essentielle est de comprendre les motivations de la personne envoyant une demande d'amitié. Si ses intentions ne sont pas claires, cela pourrait engendrer des problèmes ou des harcèlements futurs. Ajouter un ami sur un réseau social signifie donner accès à toutes nos informations. Si cette personne a de mauvaises intentions, elle pourrait utiliser nos données à des fins malveillantes. Ce n'est pas le cas que tous ceux sur les réseaux cherchent à devenir amis avec des intentions cachées. Beaucoup de gens, une fois connectés en ligne, peuvent devenir de vrais amis avec de bonnes intentions. Néanmoins, la prudence est de mise dans tous les cas. Même des personnes bien intentionnées peuvent trahir notre confiance à l'avenir. Malgré toutes les précautions prises, il est extrêmement difficile de déterminer l'identité de la personne derrière l'écran. Dans tous les cas, la prudence reste de mise.

"usurpation d'identité en ligne"

Nous savons tous comment attraper un poisson et ce qui arrive au poisson après qu'il soit tombé dans le filet du pêcheur. La fin ultime du poisson est de mourir. De la même manière, sur de nombreux sites web, un piège peut apparaître avec pour seul but d'attraper les personnes innocentes pour les dépouiller de leurs biens. Avec ce type de réseautage en ligne, Internet est devenu un endroit effrayant à visiter. N'importe lequel d'entre nous peut facilement devenir la proie du "catfishing".

Comprenons ce qu'est le "catfishing".

"Catfishing" désigne l'usurpation d'identité en ligne dans le but d'attirer une personne. Par exemple, je pourrais prétendre être un industriel millionnaire de 30 ans. Un "catfish" est quelqu'un qui adopte l'identité d'une autre personne sur internet. Généralement, le "catfish" utilise son identité fictive de manière si crédible que ses victimes commencent à le percevoir comme une personne réelle, exactement comme le "catfish" le souhaite. Un "catfish" peut voler des photos, des vidéos ou des informations personnelles de quelqu'un d'autre pour créer un faux profil ou site web lors de la création de son identité fictive. Ils ne sont pas nos amis. Ils se font passer pour quelqu'un d'autre pour attirer, et souvent en tirer profit, que ce soit émotionnellement ou financièrement, des personnes en ligne.

Histoire : Canular en ligne

Par exemple, supposons que M. "A" devienne ami avec M. "B" sur Facebook. Selon son profil, M. "A" se nomme Rohan, âgé de 30 ans et travaille en tant que médecin dans un hôpital renommé. Il semble être une personne attirante, agréable et intéressante sur la photo qu'il a publiée sur Facebook. M. "B" accepte son amitié et discute avec lui pendant longtemps. Une longue conversation par texte s'ensuit. En tous points, Rohan semble être une personne bien et gentille. M. "B" s'attache émotionnellement à lui et souhaite désespérément le rencontrer en personne, mais à chaque fois, il semble y avoir une excuse pour laquelle Rohan ne peut pas rencontrer M. "B" en personne.

M. "A" ou Rohan n'est pas en mesure de rencontrer personnellement M. "B" simplement parce que M. "A", nommé Rohan, avec un profil attrayant et une photo, est un prétendu médecin de 30 ans, alors qu'en réalité, il s'agit d'un cambrioleur et voleur de 25 ans. Il ne peut pas quitter la ville sans la permission de la cour de justice, car il est récemment sorti de prison en liberté conditionnelle pour seulement un mois. Il n'est pas médecin, mais se fait passer pour tel en ligne. Il est devenu très courant de tromper les gens innocents en ligne en utilisant le "catfishing". L'intention du "catfish" est de tromper une personne innocente, de se venger ou de commettre un vol d'identité, ce qui est un acte plus grave du "catfish".

Évitez la mauvaise compagnie des amis.

Ce sont des sangsues, comme des sangsues :

Une mauvaise compagnie est semblable à une sangsue ou à un parasite. Les individus flagorneurs ont tendance à demeurer très proches de nous lors de toutes les occasions importantes. Leur présence vise à tirer le maximum d'avantages de nos ressources ou de notre réseau. Ils sont toujours à l'affût pour voler certaines de nos opportunités. Ils n'essaient pas de tracer leur propre chemin, mais seront toujours là pour réduire nos chances en suivant nos traces. Ils drainent non seulement nos ressources, mais causent également de grands préjudices à notre progression. Tels des parasites, ils vivent dans ou sur le corps des autres et bénéficient en extrayant des nutriments au détriment de l'organisme hôte.

On ne peut pas faire confiance à une mauvaise compagnie :

En compagnie de mauvaises personnes, nous perdons notre foi et notre confiance. Dans le mode de vie moderne, il y a à peine du temps pour passer avec les autres. Ceux qui prennent du temps pour nous le font uniquement quand ils ont besoin de notre soutien ou de notre aide pour autre chose. De plus, ils épargneront leur temps pour nous rencontrer à leur convenance. Ce sont généralement des opportunistes et ont une approche unilatérale axée sur leurs propres intérêts. Pour obtenir notre bénéfice, ils sont prompts à faire cent promesses mais n'en rempliront même pas une seule. En cas de besoin, lorsque nous leur faisons confiance sur une question importante, soyez sûr qu'ils nous tromperont au dernier moment. La manière dont ils rompent leurs promesses rompt aussi notre confiance et notre foi. Même si nous ne participons pas à leurs choix, ils peuvent créer des problèmes pour nous. Ces personnes sont de mauvaise compagnie.

La mauvaise compagnie est négative et manipulatrice :

Certaines personnes ont appris de nombreuses astuces et les utilisent avec succès pour amener les autres à faire ce qu'elles veulent. Grâce à leurs astuces habiles, ils nous convaincront de faire des choses que nous n'avons pas imaginées faire. Si nous suivons leurs souhaits, nous trahirons nos principes de vie sains. Si nous ne suivons pas leurs choix, ils nous feront ressentir tellement de culpabilité que nous pourrions être amenés à faire ce qu'ils souhaitent par culpabilité. Si cela continue pendant un certain temps, soyez sûr que vous êtes manipulé. Ils nous manipulent également avec leur astuce plus habile de la négativité. Ils déclencheront une vague de plaintes, de critiques et de blâmes dans notre cercle. C'est un moyen très simple de laisser la négativité nous contaminer. Une fois sous l'emprise de la négativité, nous perdrons tout à cause d'une négativité sans fin.

N'entrez pas en compagnie de personnes toxiques :

Il est difficile d'identifier facilement les personnes toxiques. Les amis toxiques endommagent émotionnellement et physiquement notre image et notre identité par leur comportement. Ils semblent être de bons amis (pas les meilleurs ou les plus proches amis), mais peuvent même se faire passer pour nos meilleurs amis. Ce sont des manipulateurs hors pair, habiles à tromper n'importe qui ; ils sont formés pour dire des mensonges et sont des experts dans l'art d'agir en fonction de la situation. Irwin décrit une personne toxique comme abusive, non supportante ou émotionnellement malsaine - quelqu'un qui vous rabaisse plus qu'il ne vous élève. "Vous pourriez commencer à dépendre de lui pour son opinion, doutant de la vôtre." Notez-le et rappelez-vous que la compagnie toxique d'amis ressemble à tout le monde. Ils se comportent comme des personnes ordinaires, parlent comme des gens simples. Ils attirent leurs cibles par leurs douces paroles et leurs mains tendues. Ils peuvent même se faire passer pour de bons amis, des membres de la famille ou des voisins. Ils ont maîtrisé leur art pour tromper tout le monde qui pourrait tomber dans le piège pour leur bénéfice. Une compagnie toxique, par nature, est une compagnie de manipulateurs, de menteurs experts. Ils sont toujours présents sous n'importe quelle forme qui pourrait vous convenir en jouant leur rôle dramatique comme de grands acteurs. Ils peuvent se cacher n'importe où, prêts à tromper. Évitez l'amitié toxique et soyez en compagnie de bons amis. Les bons amis renforcent notre sentiment d'appartenance et de but. Ils réduisent notre stress et augmentent notre bonheur. En fin de compte, ce sont les personnes qui peuvent nous aider à améliorer notre confiance en nous, notre estime de nous-même. Ils sont omniprésents dans les moments de calamités, de difficultés et pendant les moments de douleur aiguë. Les amis toxiques sont toujours prêts à éviter toutes les situations qui pourraient survenir dans notre vie.

Méfiez-vous du loup déguisé en brebis :

Le verset biblique de Matthieu nous met en garde de manière forte. "Méfiez-vous des faux prophètes, qui viennent à nous en habits de brebis, mais qui sont intérieurement des loups ravisseurs." Nous les reconnaîtrons à leurs fruits. Si nous avons entendu dire que l'un de nos amis parle ou se comporte mal dans notre dos, tout en étant amical en notre présence, cette personne ne révèle pas sa véritable nature. Comme le suggère la référence biblique, les actions de cette personne finiront par révéler sa vraie nature. Il s'agit du pire type d'ami -

quelqu'un qui dissimule de mauvaises intentions sous le couvert de la gentillesse ou de la confiance. La Bible nous parle des bons et des mauvais amis :

La Bible, le livre saint, comporte de nombreux versets qui nous disent dans de nombreux proverbes ce qu'est un mauvais ami et ce qu'est un bon ami. De même, nous avons peut-être lu la Bhagavad-Gita qui nous dit ce qu'est une véritable amitié. Découvrons quelques-uns de ces versets bibliques emplis de sagesse.

Proverbes 13:20 :

"Qui marche avec les sages devient sage, mais le compagnon des insensés en subira le préjudice." Il faut beaucoup d'efforts pour tracer le bon chemin dans notre vie. Suivre le bon chemin signifie faire des compromis avec de nombreuses commodités, sortir de notre zone de confort et contrôler nos émotions. Le bon chemin nous conduit vers un avenir prometteur. Cependant, de nombreuses fois, nous sommes tentés de choisir un chemin sombre. Lorsque nous sommes dotés de nombreuses choses suffisantes pour devenir de bonnes personnes, pourquoi devrions-nous regarder le côté sombre de la vie ? Et c'est ce que nous faisons tous dans notre vie lorsque nous choisissons une mauvaise compagnie d'amis. Qui n'apporte rien de bon mais est le plus nuisible ? Marcher en compagnie de mauvaises personnes finira par nous faire trébucher et tomber. Il vaut mieux cesser de marcher avec de mauvais amis et commencer à marcher avec ceux qui sont sages pour apprendre des choses judicieuses dans la vie. Arrêtez de marcher avec des personnes qui se dirigent vers des problèmes inévitables.

Première épître aux Corinthiens 15:33

"Ne vous laissez pas égarer : les mauvaises compagnies corrompent les bonnes mœurs." Il est très difficile de résister à la tentation de faire le mal en compagnie de personnes mauvaises qui le font déjà. Il est naturel pour nous d'essayer de copier les autres, surtout ceux qui sont près de nous. Si nous ne sommes pas suffisamment vigilants, nous pouvons perdre notre caractère moral en compagnie de ceux qui n'ont aucune valeur pour la morale. Nous ne devons pas faire nos choix simplement pour être trompés par des pratiques immorales que nous pourrions apprendre en compagnie de mauvaises personnes.

Psaume 1:1

"Heureux l'homme qui ne marche pas selon le conseil des méchants, qui ne s'arrête pas sur la voie des pécheurs et ne s'assied pas en compagnie des moqueurs." Parmi les gens avec lesquels nous passons du temps, nous sommes constamment entourés de nombreux moqueurs. Il y en a beaucoup sans pénurie. Nous les rencontrons à chaque instant et partout où nous les accompagnons. Un homme sage n'aime pas partager le même siège que les moqueurs. Un homme sage n'aimerait même pas rester debout à côté d'eux. Contre ce saint conseil de la Bible, si nous osons fréquenter la compagnie des moqueurs, nous connaîtrons le même sort qu'eux. Éloignez-vous des personnes mauvaises pour préserver votre intégrité.

Psaume 26:4-5

"Je ne m'assieds pas avec les hommes menteurs, et je ne fréquente pas les hypocrites. Je hais l'assemblée des malfaiteurs, et je ne m'assois pas avec les méchants." S'asseoir en compagnie de personnes à la fausse personnalité ou les accompagner aura une grande influence sur notre vie. Nous pouvons être emportés par le vent du mensonge et des hypocrites. Passer une seule minute de notre temps avec eux peut avoir un effet durable sur notre comportement. Asseyez-vous avec des gens sages et purs qui pourraient vous accorder la sagesse de créer de nouvelles perspectives de progrès.

Proverbes 22:24-25

"Nouez point d'amitié avec l'homme colère, et ne fréquente pas l'homme violent, de peur que tu n'apprennes ses voies et que tu ne tombes dans un piège."

Nous devons essayer de nous lier d'amitié avec des personnes de bien, afin de devenir plus comme elles, car tout comme la mauvaise compagnie ruine notre moral, une bonne compagnie peut préserver notre morale. Ne soyez jamais ami avec quelqu'un qui a un tempérament irascible. Ils n'ont pas de problème à perdre leur sang-froid ; le problème, c'est de retrouver leur calme. Une fois, je voyageais avec un ami colérique dans sa voiture. Conduire de manière imprudente à grande vitesse et ignorer les passants était son habitude. En conséquence, il a perdu le contrôle et a touché l'arrière d'une nouvelle voiture devant nous. Cela est devenu une affaire de rage au volant à cause de son mauvais tempérament. Je n'ai pas pu atteindre ma destination en raison de son attitude colérique. Mon ami au sang chaud ne peut jamais être un bon ami en aucune circonstance. Il s'énerve trop facilement et j'ai bien peur que cela ne le mette un jour dans de sérieux ennuis et que je ne souhaite pas être témoin. Nous savons tous que personne d'entre nous n'est une personne parfaite. Nous avons tous un défaut, un défaut, une lacune sous une forme ou une autre. Le fait est que nous ne pouvons jamais devenir un homme parfait dans notre vie. Mais nous devons savoir une chose, c'est que nous devons éviter la compagnie des mauvaises personnes. Il semble que certaines personnes sont simplement destinées à courir au-devant des ennuis. Elles ont

Histoire : Les Trois Amis de l'Homme :

La sagesse du Vedanta dit : Ne fais jamais confiance à un ami qui n'a pas été mis à l'épreuve. L'histoire suivante, Les Trois Amis de l'Homme, décrit magnifiquement qui peut être considéré comme notre véritable ami digne de confiance. Dans un petit village vivait un homme pieux, vertueux et honnête. Un jour, il reçut une convocation du roi pour comparaître devant lui pour être jugé. Le roi était connu pour son excentricité, son imprévisibilité et sa cruauté. L'homme pieux fut profondément perturbé et effrayé. Il n'avait jamais fait quoi que ce soit de mal ou d'injuste, alors comment pouvait-il recevoir une convocation comme celle-ci, se demanda-t-il. L'homme pieux avait trois amis : son meilleur ami, son deuxième meilleur ami et son ami le moins intime. Il alla voir son meilleur ami, lui expliqua sa peur et son angoisse, et lui demanda de l'accompagner au palais du roi. Son meilleur ami, debout à l'intérieur de la porte d'entrée de sa maison, entendit toute l'affaire et dit : "J'ai bien peur de ne pas pouvoir t'accompagner au palais du roi. Je ne peux que te souhaiter bonne chance, mon ami", et il referma la porte au visage de son ami. L'homme pieux fut déçu de se rendre compte que celui qu'il avait toujours considéré comme son meilleur ami l'abandonnerait et le laisserait dehors dans le froid. Il alla ensuite voir son deuxième meilleur ami, lui expliqua tout le problème et lui fit la même demande. Cet ami lui dit : "Je sais que tu es un homme bon et je ne peux jamais t'imaginer faire quelque chose de mal. Je t'accompagnerai jusqu'à la porte du palais, mais je n'ai pas l'intention d'entrer dans le palais et de me tenir devant le roi, car il est imprévisible et excentrique et pourrait décider de me mettre en prison avec toi." L'homme pieux fut déçu pour la deuxième fois. Triste et désabusé sur la bonté humaine, il se tourna vers son ami le moins intime, de qui il n'attendait jamais d'aide. Lorsque ce troisième ami entendit son problème, il lui dit : "Je te connais comme un homme honnête et je suis certain que tu es incapable de faire quoi que ce soit de mal. Ne t'inquiète pas, mon ami, mais rentre chez toi et viens tranquillement au palais du roi. Je vais de l'avance pour témoigner au roi de ton honnêteté et de ta bonté." L'homme pieux fut très surpris par cet engagement de soutien de la part d'un ami auquel il n'avait jamais prêté beaucoup d'attention. L'homme pieux dans l'histoire représente un individu en détresse, le roi, la mort et la convocation, l'appel de la mort. La porte du palais représente le cimetière. Le "meilleur ami" représente l'argent et les possessions, qui disent au revoir à une personne à sa mort et ne sortent jamais de sa maison pour l'accompagner. Le "deuxième meilleur ami" représente les proches et les amis, qui l'accompagnent uniquement jusqu'au cimetière, puis laissent son corps mort là. Le "moins intime ami", à qui il n'avait jamais prêté beaucoup d'attention, est le souvenir de ses bonnes actions, effectuées de manière altruiste pour le bien d'autrui. Le souvenir de ses bonnes actions devient son seul soutien dans son voyage solitaire et terrifiant dans l'au-delà. Un tel souvenir est son seul véritable ami digne de confiance.

La Bhagavad Gita (II.40) déclare solennellement ce fait et dit : "dans cela [l'action désintéressée], aucun effort n'est jamais perdu et aucun mal n'est jamais fait. Même très peu de cette dharma [action désintéressée] sauve un homme de la Grande Peur." Le souvenir d'une bonne action est comme le messager de la Vérité qui escorte l'âme vers le royaume de la Vérité.

Chapitre 8

Acceptez les erreurs

Faire des erreurs est la nature fondamentale de nous tous, simplement parce que nous avons certaines peurs, limites, défauts, avidité, et une mauvaise manière de penser. De plus, nous avons tous nos faiblesses et des habitudes négatives. Presque tout le monde commet des erreurs, certaines délibérément et d'autres par ignorance. Nous pouvons commettre des erreurs en raison de nos activités non planifiées ou de nos actes mal planifiés. Le fait demeure qu'une erreur est une erreur, indépendamment des explications et des théories que nous avons pour la justifier. Nous sommes rapides à trouver les erreurs des autres, mais il est difficile de ne pas voir nos propres erreurs. Nous pouvons essayer de nous justifier ou essayer de prouver notre innocence, mais notre conscience intérieure nous hantera indéfiniment et continuera à nous tourmenter. Par conséquent, nous pouvons commettre davantage d'erreurs. Nous ne devrions pas nous justifier, mais plutôt ressentir la piqûre de notre erreur. C'est précisément cette piqûre de notre erreur qui nous aidera à nous sortir de l'erreur.

N'oubliez pas qu'une erreur est quelque chose qui peut nous apporter du malheur à long terme. Notre habitude de prendre des décisions hâtives est peut-être la principale cause de nos erreurs que nous ne souhaitons pas commettre. Aucun de nous n'est parfait et nous sommes enclins à commettre des erreurs sciemment ou involontairement. Il est également naturel que nous fassions tous de mauvais choix égoïstes et nuisibles pour les autres. Nous devons sérieusement réfléchir à notre habitude de voir les choses en petites dimensions... Ignorer de petites erreurs nous pousse à enfreindre les règles, l'éthique et les normes sociales. C'est là que nous sommes attirés à commettre des erreurs. Nous savons tous que les choses ne se passent pas comme nous le souhaitons, mais nous essayons encore et encore d'aller à contre-courant. En n'apprenant pas de nos erreurs et en les répétant, nous nous faisons le plus de tort, y compris commettre plus d'erreurs pour justifier celles commises dans le passé, devenir habitués à faire des erreurs, commencer à nier la réalité et continuer à argumenter pour justifier nos erreurs. Le plus dommageable, c'est que nous commençons à traiter nos erreurs très légèrement.

"Nous nous concentrons tellement sur le fait de pointer les erreurs des autres sans réaliser que nous commettons les mêmes erreurs. Pour avoir l'esprit en paix et être heureux, au lieu de pointer les erreurs des autres, nous devrions chercher nos propres erreurs et les corriger."

Erreurs involontaires Certaines erreurs surviennent accidentellement, sans notre intention. Parfois, nous commettons des erreurs par ignorance. En étant inattentifs, nous pouvons commettre des erreurs. Lorsque nous sommes absorbés par des pensées sérieuses, nous pouvons commettre des erreurs dans notre travail. Le résultat est que nous devons affronter les conséquences à chaque fois que nous commettons une erreur, même involontairement. Le manque d'attention au travail est une autre raison de nos erreurs sans but. Lorsque nous commettons des erreurs sans aucune intention, but ou motif, ce ne sont que de petites erreurs, rien de plus. De telles erreurs se produisent lorsque nous nous fions à de fausses informations. Par exemple, si nous voyons une personne rôder autour d'une voiture coûteuse garée sur le bord de la route, en le présumant être un voleur de voitures, nous appelons la police, et il s'avère que l'homme était le propriétaire de la voiture. Dans de telles circonstances, le choix de nos actions était juste et fait de bonne foi. Bien que cela ait été une erreur de jugement, c'était une erreur "honnête" sans intention égoïste. C'était dans l'intérêt du public.

De telles erreurs sont dues à notre manque de connaissance.

Nous prenons parfois des décisions hâtives sans essayer de collecter les informations pertinentes sur ce qui se passe.

Il est également possible que nous nous basions sur des informations incorrectes et commettions une erreur.

Parfois, nous pouvons agir en fonction d'informations que nous avons reçues il y a quelque temps, alors que la situation a considérablement changé le jour de notre action. Nous sommes souvent sous stress ou en tension en raison de certaines raisons liées à la famille ou à des problèmes au bureau. Dans de telles circonstances, nous commettons des erreurs sous le poids du stress. Il peut y avoir de nombreuses autres raisons pour nos erreurs que nous n'aurions jamais souhaité commettre. Faire une erreur, prendre une mauvaise décision, ne pas accomplir quelque chose n'est pas facile à expliquer. Les gens se moquent de chacune de nos erreurs, ils cessent de nous faire confiance. Dans de telles circonstances, nous ne parvenons pas à trouver un moyen de justifier nos actions à chaque individu. Que faisons-nous alors? Et la solution la plus facile à laquelle nous recourons est de mentir ou de déformer les faits. La plupart d'entre nous essaient d'adopter la mauvaise option de mentir ou de déformer la vérité. Nous savons tous que cette option pour justifier nos erreurs est la mauvaise option qui peut créer de nombreux problèmes à l'avenir.

Histoire : Erreur du jeune garçon

Un jeune garçon de 18 ans a pris la voiture de son père sans sa permission et est parti faire un long trajet avec ses amis. Il a conduit la voiture à grande vitesse et de manière zigzagante. Il a été arrêté par la police de la circulation et s'est vu infliger une amende de 1000 roupies. Il avait un peu d'argent et a emprunté le reste à ses amis pour payer l'amende. Il n'a pas informé son père de cet incident. Après un certain temps, son père a appris cet incident lorsqu'il est tombé sur un reçu de l'amende payée par la police de la circulation dans un de ses livres. Que s'est-il passé ? Le père a cessé de lui permettre d'utiliser sa voiture seul à l'avenir. Il a été réprimandé devant ses amis. Son argent de poche a été considérablement réduit. Le garçon a adopté la mauvaise décision de cacher le fait, et c'était sa faute. Le garçon n'a jamais voulu blesser les sentiments de son père ou de quelqu'un d'autre. Il avait l'esprit clair. Lorsque nous sommes clairs dans notre âme intérieure et notre conscience, lorsque nous ne souhaitons pas intentionnellement nuire à quelqu'un, nous devrions être assez courageux pour dire les choses telles qu'elles sont. Nous ne devrions jamais essayer de justifier nos actions et de déformer les faits. Lorsque nos erreurs sont involontaires, sans motif ou but spécifique, nous devrions également être prêts à enregistrer les faits. Cela convaincra non seulement les gens, mais nous gagnerons un soutien moral pour ne pas être insouciants au travail. Toutes les erreurs qui surviennent en raison de l'ignorance, d'informations incomplètes ou incorrectes, ou en raison de la distraction ne sont pas des erreurs, car elles ne sont pas intentionnelles pour causer des dommages à quelqu'un d'autre. Ce sont nos marches à suivre pour être plus prudents à l'avenir. Mais à la fin, nous devons supporter le fardeau de telles erreurs d'une manière ou d'une autre. De très graves problèmes peuvent survenir lorsque nous commettons des erreurs intentionnelles et essayons de les cacher.

Erreurs intentionnelles :

Lorsque nous faisons quelque chose intentionnellement en ayant pleine connaissance que ce que nous allons faire est faux, c'est une erreur intentionnelle. Lorsque nous faisons intentionnellement quelque chose de mal, ce n'est plus une erreur. C'est un acte délibéré de notre part pour éviter la vérité, faire du tort à autrui ou tromper les gens. C'est un mépris volontaire de la vérité, des sentiments des gens ou de leur autorité. En d'autres termes, toute erreur commise sciemment est un signe de rébellion contre les règles, les normes sociales et l'honnêteté.

La plupart du temps, nous n'avons pas tendance à commettre des erreurs délibérément dans le cours normal de la vie. C'est lorsque nous sommes confrontés à une tâche difficile que nous commençons à supposer des actions de ce genre qui influencent notre esprit. Dans des moments difficiles, nous agissons comme si nous n'étions pas compétents pour affronter les conséquences de nos actes. Craignant l'échec ou l'embarras, nous avons tendance à commettre délibérément des erreurs pour nous débarrasser des problèmes que nous avons déjà supposés.

Ces erreurs ne sont pas de petites erreurs qui se produisent involontairement ou accidentellement, mais elles sont commises délibérément par nous en raison de notre objectif spécifique. Et ce prétendu objectif n'est rien d'autre que notre gain. Nous savons ce que nous faisons et pourquoi nous le faisons. Nous savons très bien quelle est notre erreur préalablement planifiée et quel en est le motif. Nous planifions de faire une erreur pour une raison précise.

Un héros de cinéma peut tromper sa femme, un homme d'affaires peut tromper les autorités pour augmenter ses profits en évitant de payer des impôts, un garçon/une fille ment souvent à ses parents pour des actes désapprouvés par la société. Certains d'entre nous vont jusqu'à trahir ou revenir sur des promesses faites à nos amis, parents, partenaires et personnes, tout cela pour notre intérêt. Ce qui se passe ensuite dépasse notre pensée. Nous perdons la confiance de notre partenaire, nous pouvons être condamnés pour nos infractions économiques, et nous pouvons perdre notre amitié et notre relation à jamais. Tout cela se produit lorsque nous commettons des erreurs intentionnelles.

Nous commettons des erreurs délibérées pour plusieurs raisons, telles que :

Erreur situationnelle : quand nous n'avons pas d'autre choix que d'agir de manière incorrecte.

Lorsque nous négligeons les conséquences, comme arriver en retard au travail, travailler de manière malhonnête, utiliser des tactiques pour retarder le travail, ne pas attacher sa ceinture en conduisant, parler au téléphone, ne pas porter de casque sur un deux-roues, ou éviter les mesures de sécurité.

Parfois, nous pensons que les règles ne s'appliquent pas à nous et que nous sommes libres de faire ce que nous voulons.

Dans des affaires sérieuses, nous pouvons commettre des erreurs intentionnelles lorsque nous sommes pressés par le temps ou que nous manquons de travailleurs suffisants pour nous aider. Nous pouvons faire des choses incorrectes par manque de compréhension.

Nous manquons de respect pour les règles et présumons qu'elles sont inutiles. Cela se produit lorsque nous croyons que la conséquence de transgresser les règles est moindre que les avantages à les enfreindre.

Parfois, nous sommes pressés et choisissons l'option la plus facile.

Nous croyons que nous ne serons jamais pris en train de faire des erreurs.

Enfin, mais non des moindres, nous commettons des erreurs sous la pression du groupe.

LES ERREURS CRÉENT DES PROBLÈMES :

Qu'elles soient intentionnelles ou involontaires, toutes les erreurs engendrent des problèmes pour nous-mêmes et pour autrui, causant des préjudices. Les dommages ou les torts issus de nos erreurs demandent en premier lieu de reconnaître les préjudices ainsi engendrés. Cependant, cette prise de conscience n'est pas aisée pour nous, en raison de notre ego et de notre réputation auprès des autres. Nous n'avons pas l'habitude d'admettre nos erreurs, préférant souvent pointer du doigt et souligner celles des autres. En somme, aucune force ne peut nous contraindre à reconnaître nos torts. Nous sommes convaincus d'être dans le bon, toujours justes et parfaits. Reconnaître ses erreurs, c'est accepter les préjudices occasionnés et chercher à les réparer chaque fois qu'une erreur survient. Par conséquent, nous adoptons souvent l'attitude "Je peux être tout, sauf avoir tort." Nous nous évertuons à argumenter pendant des heures pour justifier nos actes, prétendant que nous sommes dans le vrai et que l'erreur est due à autrui, à un contexte inapproprié, ou à toute autre raison qui n'est pas de notre faute. Refuser de reconnaître nos erreurs est une grande erreur en soi. Nous avons du mal à dire simplement "Désolé" pour nos fautes. Il est crucial de se souvenir que notre comportement et nos erreurs sont observés par les autres. Notre réaction est tout aussi scrutée. Il est nécessaire d'abandonner notre obstination à croire que tout ce que nous faisons est toujours juste. Reconnaître ses erreurs peut être difficile, car l'aveu est souvent vu comme une faiblesse et génère un sentiment de culpabilité. Accepter une erreur crée une tension psychologique et le désir de la cacher aux autres, mais nous ne pourrons jamais la dissimuler de nous-mêmes. Tôt ou tard, la vérité éclate, nous plongeant dans des situations plus complexes. Elle continuera à ronger notre âme indéfiniment. Dans tout cela, nous devons apprendre à reconnaître nos erreurs et à améliorer notre attitude. Cela aura des retombées positives à long terme. La question cruciale est de savoir ce que nous avons appris de nos erreurs. Nous tirons tous des leçons de celles-ci, mais seulement si nous les reconnaissons. Comme l'a dit Paul Bear Bryant :

"Quand vous faites une erreur, il n'y a que trois choses que vous devriez jamais faire à ce sujet. L'admettre, en apprendre, et ne pas la répéter.

" Confucius a également dit :

"Si vous faites une erreur et ne la corrigez pas, cela s'appelle une erreur

Nous ne pouvons rien apprendre de nos erreurs à moins de les admettre. Cacher une erreur n'est pas simplement une erreur, mais une bévue. Dans nos tentatives pour dissimuler une erreur, nous posons des actions qui pourraient causer davantage de préjudices à notre crédibilité, à nos relations, à la confiance et à l'intégrité. Dans de nombreux cas judiciaires, nous avons vu des personnalités de haut rang, comme "Ram Rahim" et "Bapu Asha Ram", poursuivies non pas pour le crime initial, mais pour avoir tenté de cacher les faits par des moyens malhonnêtes. La meilleure démarche après avoir commis une erreur est de l'admettre, de la rectifier et de s'engager à ne pas la répéter. La première étape consiste à accepter et à reconnaître nos erreurs avec sincérité, seulement alors pourrons-nous prendre des mesures correctives.

L'acceptation des erreurs joue un rôle vital et significatif dans nos vies de plusieurs manières. Il est avéré que nous créons plus de problèmes que nous ne l'imaginons en refusant d'admettre nos erreurs. Cependant, notre attitude demeure similaire à celle d'une personne obstinée qui pense "j'ai toujours raison". Nous devons changer cette attitude de toujours être dans le vrai et être prêts à admettre nos erreurs pour bénéficier à long terme, notamment pour :

Cela nous empêche de commettre davantage d'erreurs pour dissimuler l'erreur d'origine.

Cela renforce notre force intérieure pour faire face à des situations difficiles.

Cela réduit la tension de notre esprit, le stress personnel et procure la paix intérieure.

Admettre nos erreurs nous aidera à maintenir nos relations personnelles et professionnelles. "Admettre et corriger ses erreurs ne vous fait pas paraître faible ; cela vous rend plus fort." – Bruce Rhoades

Chaque erreur est une leçon pour nous apprendre de nouvelles choses.

Admettre ses erreurs nous offre une chance de correction, ce qui permet d'économiser du temps, des ressources et de l'énergie.

Cela renforce notre confiance, notre honnêteté et notre sincérité.

Les gens nous respecteront pour avoir admis nos erreurs.

Admettre ses erreurs nous rend humbles et responsables, ce qui renforce notre crédibilité.

Cela nous empêche de rejeter la faute sur les autres pour nos erreurs. Les gens nous aiment et apprécient notre attitude.

Nous apprenons à nous en tenir à nos positions. Cela nous donne le courage de mettre les faits en lumière.

Nous apprenons à nous excuser devant les personnes qui ont subi les conséquences de nos actes incorrects. Cela renforce notre confiance en nous.

Ton meilleur professeur est ta dernière erreur." - Ralph Nader :

Nous savons qu'il n'est pas facile d'admettre nos erreurs, mais il est non seulement important pour nous d'admettre nos erreurs, mais c'est encore plus important pour regagner la confiance perdue et la foi parmi nos associés et en nous-mêmes.

Le plus important est qu'en admettant nos erreurs, nous nous débarrasserons du sentiment de culpabilité. La culpabilité est une émotion qui nous tourmente lorsque nous faisons quelque chose de mal. En tant qu'être humain, nous entretenons des liens avec les personnes qui nous entourent et les personnes de notre communauté. Se sentir coupable peut créer des circonstances contraignantes qui affaibliraient nos relations avec les gens. Si nous décidons de ne pas admettre nos erreurs, nous devrions être prêts à avaler le poison de quelque sorte à l'intérieur de nous-mêmes qui nous tue lentement. Et ce poison n'est rien d'autre qu'un sentiment de culpabilité. Cette situation deviendra de plus en plus difficile pour nous de faire face aux gens.

Dire désolé ou admettre une erreur n'est pas si facile. Cela demande beaucoup de courage de notre part lorsque nous avons tort. Dire désolé ou admettre une erreur signifie inviter les gens à nous condamner et nous ne savons pas comment ils réagiront. Affronter la douleur des gens et rester calme n'est pas une tâche facile. Mais nous n'avons pas le choix si nous voulons sortir indemnes.

Admettre l'erreur et dire désolé nous aidera certainement à gagner le respect aux yeux des personnes affectées et peut renforcer notre relation avec elles.

Après avoir accepté nos erreurs, il y aura un changement dans la perception que les gens ont de nous. Ils commenceront à nous respecter davantage. La plupart de nos relations sont gâchées à cause de la méfiance. Une fois la confiance perdue, même les relations proches sont perdues. Nous savons tous que la confiance met plus de temps à s'établir qu'à se détruire. Nous devons donc être vigilants pour nous assurer que notre confiance ne soit pas perdue simplement parce que nous ne reconnaissons pas nos erreurs. Admettre les erreurs est le seul moyen de préserver notre confiance. Les gens commencent à nous faire confiance si nous acceptons nos responsabilités. Cela sauverait nos relations précieuses. Cela peut aller loin pour s'assurer que nos relations ne tournent pas au vinaigre.

En commettant des erreurs et en ne les admettant pas, nous créons un lourd fardeau sur notre poitrine. À chaque instant, cela continue à nous piquer profondément. Nous commençons à ressentir la douleur et l'agonie de ce que nous avons fait à chaque instant et à chaque pas que nous faisons dans notre vie. Une fois que nous admettons notre erreur par notre conscience intérieure, nous commencerons à ressentir de bonnes émotions grandir dans notre cœur. Nous aurions l'impression qu'un poids inconnu a été enlevé de notre tête. Cela supprimerait notre douleur, notre agonie et notre culpabilité et nous rendrait forts non seulement pour faire face aux gens à l'extérieur, mais aussi pour faire face à notre propre moi intérieur.

Si nous continuons avec nos erreurs sans les admettre, nous ne pourrons jamais nous débarrasser de notre culpabilité. Nous ne pourrons pas corriger nos erreurs et améliorer notre travail. Une fois que nous admettons notre erreur, cela nous libérera des sentiments mortels de culpabilité. Une fois que nous sortons de notre culpabilité, nous pourrons commencer de manière plus honnête à regagner notre respect perdu et à progresser dans notre vie. Si nous échouons à résoudre notre culpabilité et la situation créée par nos erreurs, assurez-vous que nous allons passer à côté de ce que la vie a à nous offrir à l'avenir.

Admettre les erreurs nous fera prendre conscience que nous ne sommes pas des personnes parfaites. Nous pouvons commettre d'autres erreurs au détriment de nos perspectives. Admettre les erreurs générera un sentiment d'humilité dans notre caractère. Ce sens nous aidera de bien des manières. Nous savons tous que les personnes humbles sont mieux à même de faire face à l'anxiété. "Rappelez-vous qu'être humble, aimable et calme rendra notre vie plus facile."

Chapitre 9

Soyez avec la vérité et soyez honnête :

Nos aînés, nos aînés, nos saints et nos sages préconisaient d'être véridiques et honnêtes dans nos vies. Nous les écoutions et essayions de suivre ces précieuses instructions. Mais dans quelle mesure et avec quel résultat ? Peut-être qu'en dépit de notre volonté, parfois intentionnellement et parfois involontairement, nous ne suivons pas ces instructions de nos aînés. C'est principalement parce que nous ne connaissons pas leur signification et leur impact sur nos vies. Comprenons deux choses en termes simples : "La vérité" et "L'honnêteté".

Vérité :

On peut la définir comme une représentation exacte des faits réels. Honnêteté : Exprimer nos opinions et nos points de vue de manière précise sans être influencé par des pressions extérieures. Ici, nous discuterons de deux choses, la vérité et l'honnêteté, bien qu'elles puissent être qualifiées d'alter ego l'une de l'autre.

Être véridique :

Être véridique signifie être une personne qui parle toujours la vérité, utilise ou professe la vérité, quelle qu'en soit la conséquence. Selon Swami Vivekanand, nous devrions être fidèles à notre nature. Nous savons tous que notre société accorde une grande valeur à la vérité, car la vérité est le fondement d'une société équitable et juste. Nous faisons tous partie de la société. Dieu nous en préserve, nous ne devrions pas être contraints de faire des centaines de rondes dans un tribunal. Mais dans de nombreux films et épisodes de télévision, nous avons pu assister à des procédures judiciaires. La première chose que nous voyons, c'est des gens debout dans la boîte et prêtant serment en posant une main sur un livre religieux et en déclarant : "Je dirai la vérité, toute la vérité et rien que la vérité." Nous pouvons le considérer comme une pratique cérémonielle du tribunal sans tenir compte du fait que c'est la seule façon dont la justice est rendue. Bouddha avait raison de dire :

"Trois choses ne peuvent pas rester cachées longtemps, le soleil, la lune et la vérité."

Généralement, nous sommes confus pour distinguer entre la vérité et l'honnêteté. La vérité est une chose et l'honnêteté en est une autre. Ce ne sont pas la même chose. Un avocat peut être honnête dans ses efforts pour défendre son client, mais pas nécessairement véridique. Un homme honnête ne dira peut-être pas de mensonges, mais il peut dissimuler les faits. Mais une personne véridique ne cache pas les faits réels concernant une affaire. Les avocats sont, sans aucun doute, honnêtes dans leur profession, mais il n'est pas certain qu'ils soient véridiques. Lorsqu'un avocat en droit pénal défend son client, il ne s'engage pas à présenter les faits réels devant le tribunal de justice. Ils ne trompent pas délibérément le tribunal, mais il est aussi un fait que dans de nombreuses affaires pénales, ils ne racontent pas délibérément toute l'histoire avec les faits réels.

Un exemple d'avocat ne sera pas suffisant pour expliquer la différence entre être véridique ou honnête, car il est lié à sa profession exclusive. Nous parlons d'un homme ordinaire. Si un homme ordinaire est honnête, il sera également véridique. Et si un homme ordinaire est véridique, il sera également honnête. Si nous sommes une personne qui se soucie de l'éthique morale, ne trompe jamais personne, ne vole rien, ne dit jamais de mensonges, n'est pas impliqué dans des actions illégales de quelque nature que ce soit et exprime son opinion sans préjugé, on peut le qualifier d'homme véridique. Mais celui qui ne se soucie pas des valeurs morales reste engagé dans des actions moralement incorrectes ou dissimule ses actions, dit des mensonges, alors il est la personne qui ne peut pas être considérée comme un homme honnête.

Nous avons tous un grand respect pour les personnes honnêtes et nous les aimons du fond de notre cœur. Ils jouissent d'un grand respect dans la société. Ils bénéficient d'une grande réputation parmi les masses. Les personnes honnêtes, pour la réputation, peuvent avoir tendance à dissimuler les faits nuisibles à quelqu'un ou à la société. Ils se soucient de l'amélioration de chacun.

En revanche, une personne véridique restera toujours avec la vérité nue, qu'elle soit nuisible ou non à quiconque. Il ne dira que la vérité et rien d'autre. Il est caractéristique d'être véridique de ne dire que ce qui est vraiment la vérité. La vérité concerne la réalité des choses ou des événements dans toutes les situations. Une personne véridique ne sera pas seulement fidèle à ses paroles, mais aussi à ses actes. Il n'exprimera pas son opinion franche à moins qu'il ne puisse analyser les faits lui-même. Après avoir analysé les faits et les situations, il ne dira que la vraie vérité sans exagération, sans pressions extérieures et surtout sans intention d'impressionner les autres. Souvent, et dans la plupart des situations, la vérité devient amère, mais malgré tout, la personne véridique comprend sa puissance et reste attentive à en assumer les conséquences.

Connaissant bien les conséquences d'être véridique, une personne dotée de cette qualité reste toujours :

• Un homme de volonté forte et de puissance intérieure : Il connaît bien ses forces et ses faiblesses. Assez fort pour affronter les conséquences. Ils ne craignent ni l'échec ni le succès. Ils savent que c'est la vérité qui prévaut à la fin.

• Audacieux face aux gens : Les personnes véridiques se moquent des autres. Ils sont assez audacieux pour affronter n'importe qui. Ils savent bien que leur image et leur réputation sont liées à leur nom. Ils sont ce qu'ils sont et resteront ce qu'ils sont, que ce soit en public ou en privé, ils ne se changeront pas.

• Pas d'attitude trompeuse ; Une personne véridique trouve difficile de tromper les gens.

• Tranquillité et paix intérieure : ce n'est que la vérité qui peut apporter la paix intérieure. Elle augmente le niveau d'intégrité. Elle crée de la valeur dans nos vies. Nous nous regardons avec fierté d'être une personne véridique. La seule difficulté est d'être vrai envers soi-même. Si nous sommes honnêtes avec nous-mêmes et notre conscience intérieure, il devient très facile d'être véridique avec les autres aussi. Notre cercle social s'élargit.

• Dire la vérité procure un sentiment de satisfaction de soi, quelles que soient les remarques négatives des gens. • Dire la vérité signifie ne tromper personne.

• Cacher la vérité signifie dire un mensonge. Pour dissimuler un mensonge, nous devons en dire beaucoup d'autres qui créent des charges et des tensions indésirables dans notre vie.

- Dire la vérité signifie se soucier des autres, ce qui apporte beaucoup de respect des gens.

- Nous avons des relations plus profondes et proches lorsque nous disons la vérité. Dire la vérité peut être dangereux aussi, car cela peut blesser les autres. En acceptant les dangers, nous devenons plus dignes de confiance et les gens commencent à nous aimer.

- L'essentiel est d'apprendre comment utiliser la vérité. Cela peut être douloureux, attirer des adversités, nous pouvons perdre des amis et des relations. N'oubliez pas que la vérité blesse ; elle peut créer de la douleur et de l'inimitié. Elle doit toujours être enrobée de sucre d'une manière respectueuse. Une fois que nous apprenons comment l'utiliser, c'est une arme puissante pour gagner de l'appréciation et de la considération.

La vérité peut être nuisible Laissons de côté les avantages de dire la vérité, car elle peut également être une grande source de problèmes dans nos vies.

La vérité fait mal à la plupart d'entre nous. Nous ne sommes pas habitués à dire ou à entendre la vérité, en particulier la vérité nue et crue.

La vérité peut blesser nos amis, nos proches et nos collègues.

Dire la vérité peut créer des problèmes pour de nombreuses personnes qui peuvent devenir nos ennemis.

Les gens peuvent commencer à nous détester. Nous pouvons perdre des amis et des relations.

Cacher la vérité est très difficile. Si nous souhaitons cacher une vérité en disant un mensonge, nous nous faisons prendre et devons en supporter les conséquences.

La vérité nue est rarement prouvée sans preuve documentaire.

De nos jours, une personne véridique n'est pas appréciée dans la société.

La vérité soulève de nombreuses questions difficiles à répondre.

Les gens pensent qu'une personne véridique est impolie.

Les gens n'aiment tout simplement pas les personnes véridiques. (Arrêtez de mentir.)

(Arrêtez de mentir.)

Si nous ne sommes pas des personnes véridiques, nous ne devons pas non plus être des personnes de mensonges. Lorsque nous disons des mensonges, nous fournissons délibérément des informations incorrectes dans le seul but de tromper et de duper les autres, ou du moins de les induire en erreur. Lorsque nous décidons de mentir, nous savons bien que nous allons soit tromper, soit duper quelqu'un. Nous avons tous l'habitude de dire des mensonges, même pour des choses qui n'ont pas beaucoup d'importance. C'est parce que nous sommes tous des menteurs habituels. Nous sommes tellement habitués à dire des mensonges que par habitude, nous disons des mensonges chaque jour, à chaque instant et plusieurs fois par jour sans réaliser ses complications.

"Pour cacher un mensonge, nous devons en dire dix autres", simplement parce que nous devons nous rappeler ce que nous avons dit de mal à qui. En revanche, lorsque nous disons la vérité, nous n'avons rien à retenir.

Mark Twain dit :

"Un mensonge peut faire le tour du monde pendant que la vérité met ses chaussures."

M. Dostoïevski a donné une image très vraie du mensonge. Selon lui :

"Surtout, ne te mens pas à toi-même. L'homme qui se ment à lui-même et écoute son mensonge en vient à un point où il ne peut plus distinguer la vérité en lui, ou autour de lui, et perd ainsi tout respect pour lui-même et pour les autres."

Platon a expliqué très franchement : "Les paroles fausses ne sont pas seulement mauvaises en elles-mêmes, mais elles infectent l'âme de mal."

À l'heure actuelle, il ne manque pas d'exemples de mensonges exposés dans nos médias. Nous pouvons prendre des exemples de dirigeants politiques et de célébrités pris dans la tromperie ou les mensonges. Les faits et les opinions sont différents, mais lorsqu'ils sont mélangés avec une fausse déclaration, cela peut causer des ravages. Dans de nombreuses études, il a été constaté que la plupart d'entre nous mentent, même pour de petits mensonges, simplement pour faire plaisir à quelqu'un que nous aimons ou que nous apprécions. On appelle cela un petit mensonge pour transmettre des informations que quelqu'un souhaite entendre pour se sentir mieux. Ce prétendu petit mensonge blanc devient notre habitude avec le temps, et nous commençons à mentir au sujet de faits qui nous sont préjudiciables. Ce type de mensonge peut avoir des répercussions négatives sur nos relations personnelles et professionnelles. C'est un processus simple de mentir (petit mensonge) pour rendre quelqu'un heureux sans nuire à d'autres personnes qui commence à semer une graine de mensonge dans notre subconscient. Il devient ensuite une habitude s'il est répété au fil du temps. Dans ce processus, nous commençons à mentir à nous-mêmes aussi. Nous commençons à parler des mensonges pour nous protéger contre une perte causée par nous, pour sauver notre respect ou notre ego, pour transférer la responsabilité sur d'autres personnes, uniquement dans le but de nous éviter des ennuis ou d'éviter notre responsabilité pour une action qui a mal tourné.

Mentir est probablement l'une des habitudes les plus courantes auxquelles nous sommes tous accrochés. Le mensonge est, d'une manière ou d'une autre, devenu une partie inévitable de la vie de nous tous. Nous devrions y réfléchir sérieusement. Lorsque le mensonge devient une habitude, cela peut créer plusieurs problèmes préjudiciables à notre fiabilité et, finalement, à notre progrès. Sans aucun doute, nous disons des mensonges dans des circonstances particulières et pas toujours, mais pourquoi ces circonstances sont-elles créées pour nous contraindre quand cela est préjudiciable à notre avenir, à notre réputation et à notre respect. Examinons comment cela peut nous nuire et dans quelle mesure.

Un mensonge ne peut jamais être caché en permanence. Il refait surface ultérieurement à travers des sources inconnues de nous. Parfois, nous disons la vérité par inadvertance. Mettre en lumière la vérité en explorant notre mensonge a le plus grand impact sur nos relations. Nous perdons nos relations étroites avec nos proches, nos amis et nos parents, et, dans l'ensemble, dans notre réseau social. Cela devient une question de perte de confiance. Les gens cessent de nous faire confiance. Même dans les affaires équitables et véridiques, ils ne nous croiront pas, car cela crée une impression de non-intégration à notre sujet.

Lorsque nous disons des mensonges, nous devenons une personne non digne de confiance parmi les personnes qui nous sont toutes connues. Nous créons notre image en tant que personne non digne de confiance. À long terme, notre image peut nous être très préjudiciable.

Une personne habituée à dire fréquemment des mensonges ne peut pas se rappeler au fil du temps ce qu'elle a dit précédemment, et il y a des chances de se contredire plus tard. Cette situation nous laisse dans une situation inconsolable.

Dire des mensonges peut être douloureux. Une fois pris, cela se produit probablement la plupart du temps, cela peut être gênant à bien des égards de la vie. Nous serons étiquetés comme un menteur, une personne pleine de mensonges toujours prête à justifier, à mentir davantage, à nier ou à blâmer les autres pour ses actes.

Un "mensonge", lorsqu'il est prononcé par nous, nous laisse émotionnellement mal. Il crée des ondes négatives en nous qui sont blessantes et douloureuses avec un sentiment de culpabilité.

Être honnête

Lorsque nous exprimons notre opinion ou notre point de vue de manière précise, sans aucune pression extérieure, basée sur des faits, cela peut être qualifié d'honnêteté. C'est une caractéristique unique qui reflète des traits positifs et justes comme la franchise, la vérité et, surtout, l'intégrité, en ne disant que la vérité sans aucune intention de tromper les autres. Le principal facteur de l'honnêteté est d'être digne de confiance, fidèle, loyal et sincère. Cela signifie que toutes nos actions doivent être très justes, pures, vraies, honnêtes et dignes de confiance.

Le Oxford English Dictionary définit l'honnêteté comme "la qualité d'être honnête, exempt de tromperie, véridique et sincère, moralement correcte ou vertueuse, acquise de manière équitable, en particulier grâce au travail acharné accompli avec de bonnes intentions, même si cela est infructueux ou mal orienté, simple, sans prétention et non sophistiquée." Vivre dans une telle situation fait passer tout le monde par des moments difficiles de temps en temps. Pour nous tous, l'honnêteté est subjective, interprétative, qualifiée et finalement personnelle. Dans toutes les circonstances, notre honnêteté doit être un acte d'objectivité, d'impartialité et de neutralité.

Il existe des milliers de livres et de conférences qui nous disent ce qu'est l'honnêteté. Sans nous embrouiller, nous devons comprendre en termes simples que l'honnêteté est notre pouvoir qui apporte de la clarté à nos points de vue, opinions et expressions. Cela nous aide à développer notre stabilité, notre cohérence et nous aide à présenter les faits de manière impartiale, en plus d'aiguiser l'acuité qui nous aide à examiner tout ce qui nous entoure avec clarté. En termes simples, l'honnêteté nous pousse à être complètement sincères avec nous-mêmes, nos amis, nos proches, nos collègues et tous ceux qui entrent en contact avec nous dans notre vie quotidienne.

Oui, il est plus facile à dire qu'à faire. Être honnête dans la vie moderne peut être difficile pour beaucoup d'entre nous, mais à long terme, il est bénéfique, peut-être à un stade tardif. C'est pourquoi il est très important, car ses avantages à long terme sont sûrs de donner de bons résultats ultimes, qui peuvent inclure :

Avant d'être honnête envers les autres, nous devons être honnêtes envers nous-mêmes. Lorsque nous sommes honnêtes envers nous-mêmes, cela renforce notre confiance. Ceux qui sont honnêtes envers eux-mêmes ne peuvent jamais manquer de confiance en eux.

Notre honnêteté est le fondement de notre confiance. Les gens ne nous feront confiance que si nous sommes étiquetés comme étant basés sur des principes solides, honnêtes et que nous suivons la maxime "L'honnêteté est la meilleure politique".

Si nous sommes honnêtes, nous serons aussi véridiques. Nous ne disons pas de mensonges. Si nous ne disons pas de mensonges, nous n'aurons pas à réfléchir à notre prochain mensonge.

Si nous ne sommes pas honnêtes envers nous-mêmes, nous ne pouvons pas être honnêtes envers les autres. Une fois que nous apprenons à être honnêtes envers nous-mêmes, nous ressentirons un sentiment de bonheur divin. Nous savons tous que l'état de bonheur crée une aura d'amour tout autour. Recevoir de l'amour des autres est un état divin. Ceux qui sont le plus bénis sont ceux qui sont aimés et respectés par les personnes qui les entourent.

L'honnêteté est une source de courage. L'honnêteté demande une immense quantité de courage pour dire ce que nous ressentons être vrai et correct. Être honnête et véridique est souvent difficile et demande beaucoup de patience et de pratique. Mais le résultat ultime de l'honnêteté est très élevé, à la fois pour la société et pour nous. Cela élève notre statut parmi les gens.

C'est une source d'amour. Quand nous sommes honnêtes, les gens nous aiment. Cela sert d'exemple pour les autres à suivre. Lorsque d'autres personnes acceptent d'être honnêtes, cela crée une atmosphère de proximité et d'authenticité interpersonnelles. Dans une telle atmosphère, nous acquérons également une identité personnalisée de personne honnête. À terme, cela peut devenir une source d'amour qui peut créer une évolution continue de l'amitié et des relations amoureuses.

C'est une source de respect. Une personne honnête est connue pour montrer le respect de soi et le respect des autres. Ensuite, cela acquiert un niveau d'honnêteté douce qui génère une attitude bienveillante à la fois envers soi et envers les autres. Pour acquérir une image attrayante et séduisante, nous devons adopter l'honnêteté dans tous les domaines de la vie.

C'est une source de développement de relations. Chacun de nous s'efforce de rechercher des personnes honnêtes dans la société où la plupart des gens ne sont pas dignes de confiance. L'honnêteté est la seule source qui peut rapprocher les gens en créant des liens sûrs. De tels liens sûrs reposent sur la foi et l'honnêteté et se développent finalement en une relation profonde et durable où les gens se sentent suffisamment en sécurité dans leurs relations. Ici, nous pouvons partager des problèmes de notre vie personnelle et privée.

C'est une bonne source pour éviter les ennuis. Nous savons tous comment nous pouvons nous attirer de sérieux ennuis lorsque nous mentons et trompons les autres. Nous pouvons toujours être dans une situation difficile si nous avons l'habitude d'être malhonnêtes et menteurs. Pour nous tenir à l'écart des problèmes futurs, nous devons nous comporter honnêtement avec une conscience sincère envers tous ceux qui viennent traiter avec nous.

L'honnêteté est un instrument qui nous rendra intrépides dans notre vie. Une personne malhonnête doit tenter de nombreux actes malhonnêtes dans sa vie pour en cacher un et mène une vie de peur, craignant d'être prise. Mais quand nous sommes vraiment honnêtes, cela fait de nous des personnes intrépides et audacieuses pour prendre la bonne décision.

Prêcher, donner des conseils et guider les autres pour être honnête dans la vie est très facile pour nous tous. Mais quand nous traversons des moments difficiles et durs dans notre vie, nous oublions l'honnêteté et souhaitons nous sortir des ennuis même au prix de notre honnêteté. Pendant les moments difficiles, nous oublions généralement tous les canons de l'honnêteté et de la véracité. Nous commençons à nous comporter comme du bétail conduit par des éleveurs d'animaux.

Nous pouvons nous comporter correctement, honnêtement et sincèrement seulement lorsque notre esprit est dans un état agréable. Lorsque tout se déroule dans la bonne direction selon nos souhaits, cela crée un état d'esprit agréable. Mais au moment des crises, lorsque les difficultés commencent à se dresser sur notre chemin, lorsque nous subissons de grosses pertes en affaires, que d'autres défis surviennent et que les relations et les amitiés commencent à se fissurer, et que Dieu nous garde lorsque nous sommes confrontés à de graves problèmes de santé, la plupart d'entre nous ne sont pas en mesure de conserver notre détermination à être honnêtes. Nous perdons instantanément tout espoir et stabilité pour traverser de telles douleurs et souffrances. Tout cela combiné fait de nous des êtres émotionnellement faibles. Nous perdons tout notre courage pour naviguer contre le vent chaud. Cela est dû au fait qu'avec la modernisation de la vie, nous sommes devenus plus vulnérables à tout ce qui se présente sur notre chemin. Nous commençons à nous inquiéter pour des broutilles.

L'état d'esprit est une chose qui n'est pas si nuisible dans les régions, en particulier les zones rurales, où les gens mènent une vie simple loin de la modernisation. Ces personnes ne se soucient pas de l'état de leur esprit. Elles veillent à garder leur esprit exempt de problèmes. Cela leur convient s'ils ne prêtent pas attention à l'état de leur esprit. En conséquence, ils sont émotionnellement plus sains. En revanche, la plupart d'entre nous avons adopté la modernisation de bout en bout. La plupart d'entre nous ne sont pas sûrs si nous sommes de bonne humeur, heureux et en bonne santé quand nous nous réveillons le matin. Nous commençons à courir dans tous les sens dans la précipitation pour traverser les embouteillages et atteindre notre lieu de travail. Nous tremblons sous la menace des défis qui nous attendent sur notre lieu de travail. Nous remplissons notre esprit de nombreuses incertitudes, doutes, craintes et soucis inutiles. Dans cet état d'esprit, lorsque nous rentrons chez nous, nous ne savons pas quelles nouvelles nous attendent. Les incertitudes, les doutes et les craintes font également partie de la vie des personnes vivant une vie simple, mais pas dans la mesure où elles perturberaient leur état d'esprit.

Tout cela se produit uniquement parce que nous ne sommes pas intéressés à connaître la véritable signification du bonheur. Le bonheur est un état émotionnel de notre esprit qui inclut uniquement des émotions positives et agréables. Ces émotions sont générées en étant sincère et honnête. Si nous ne sommes pas sincères et que nous avons l'habitude de dire des mensonges pour nous présenter comme un homme honnête, cela peut gravement endommager notre image dans la société. Nous commençons à mentir uniquement pour éviter les conséquences douloureuses, la honte, l'embarras et les conflits. Nous voulons également de manière malhonnête obtenir ce que nous ne méritons pas (probablement de l'argent) ou l'attention des autres pour penser du bien de nous. Ce sont des situations que nous choisissons et que nous faisons de nos choix. Nous oublions que chaque situation nous affecte, en particulier les situations que nous avons créées nous-mêmes. Les situations ne sont pas responsables de ce que nous pensons ou de notre comportement. Nous sommes les créateurs de nos situations. Nous devons nous rappeler que l'honnêteté et la sincérité sont également des situations que nous avons créées nous-mêmes. Pour obtenir des avantages indus, nous choisissons la malhonnêteté et, pour éviter les problèmes ou pour créer des problèmes à autrui, nous choisissons d'être menteurs.

Nous devons garder notre esprit, notre cœur et nos émotions clairs en cas de mauvais moments, de difficultés et de souffrances, de désir de vengeance, d'inimitié, de fausse réputation ou de dissimulation de faits pour acquérir l'état d'esprit tranquille. En l'absence d'honnêteté,

Histoire : Laissez un bon héritage

Au point de la mort, un homme, Tom Smith, appela ses enfants et les conseilla de suivre ses traces afin qu'ils puissent avoir la paix d'esprit dans tout ce qu'ils entreprennent.

Sa fille, Sara, dit :

Papa, c'est malheureux que tu meures sans un sou en banque. Les autres pères que tu qualifies de corrompus, de voleurs de fonds publics, ont laissé des maisons et des biens à leurs enfants ; même cette maison dans laquelle nous vivons est un appartement loué. Désolée, je ne peux pas t'imiter, laisse-nous tracer notre propre chemin." Quelques instants plus tard, leur père rendit l'âme. Trois ans plus tard, Sara passa un entretien dans une entreprise multinationale.

Lors de l'entretien, le président du comité demanda :

"Quelle Smith es-tu... ?"

Sara répondit : "Je suis Sara Smith.

Mon père Tom Smith est décédé..."

Le président intervint :

"Mon Dieu, tu es la fille de Tom Smith... ?"

Il se tourna vers les autres membres et dit :

"Cet homme Smith était celui qui a signé mon formulaire d'adhésion à l'Institut des administrateurs et sa recommandation m'a valu ma position actuelle. Il a tout fait gratuitement. Je ne connaissais même pas son adresse, il ne me connaissait pas. Il l'a fait juste pour moi."

Il se tourna vers Sara :

"Je n'ai aucune question pour toi, considère que tu as obtenu ce poste. Viens demain, ta lettre t'attendra."

Sara Smith devint la responsable des affaires corporatives de l'entreprise, avec deux voitures avec chauffeurs, un duplex attenant au bureau, et un salaire de 1 000 000 £ par mois, hors indemnités et autres avantages.

Après deux ans de travail dans l'entreprise, le PDG de l'entreprise vint d'Amérique pour annoncer son intention de démissionner et cherchait un remplaçant. Une personnalité d'une grande intégrité était recherchée, et à nouveau, le consultant de l'entreprise a nommé Sara Smith.

Lors d'un entretien, on lui demanda le secret de son succès.

Avec des larmes, elle répondit : "Mon père a ouvert ces voies pour moi. C'est après sa mort que j'ai su qu'il était financièrement pauvre, mais incroyablement riche en intégrité, en discipline et en honnêteté."

On lui demanda de nouveau pourquoi elle pleurait, puisqu'elle n'était plus une enfant et qu'elle pleurait toujours son père après tout ce temps.

Elle répondit : "Au moment de sa mort, j'ai insulté mon père pour être un homme honnête et intègre. J'espère qu'il me pardonnera dans sa tombe maintenant. Je n'ai pas travaillé pour tout cela ; il l'a fait pour moi afin que je puisse simplement suivre son exemple." Alors, finalement, on lui a demandé : "Suivrez-vous les traces de votre père comme il l'a demandé ?"

Et sa réponse simple fut : "J'adore maintenant cet homme. J'ai une grande photo de lui dans mon salon et à l'entrée de ma maison. Il mérite tout ce que j'ai après Dieu." Êtes-vous comme Tom Smith... ? Il vaut la peine de construire une réputation, la récompense ne vient pas rapidement, mais elle viendra, quelle que soit la durée, et elle durera plus longtemps. L'intégrité, la discipline, la maîtrise de soi et la crainte de Dieu rendent un homme riche, pas le compte en banque bien garni. Laissez un bon héritage à vos enfants.

Chapitre 10

Rabaisser les autres

Il est tout à fait normal pour nous tous de penser que nous sommes meilleurs que les autres. Ce n'est pas seulement propre à nous, mais c'est de la nature humaine de se sentir supérieur aux autres et de se croire au-dessus d'eux. C'est la seule raison pour laquelle nous souhaitons rabaisser les autres et les voir en bas de nous. Nous essayons également d'humilier les autres pour montrer notre pouvoir et notre supériorité. En dehors de la réalité, nous essayons tous de le faire pour notre satisfaction mentale. En adoptant un tel comportement, nous commençons à croire que nous sommes plus puissants, plus glorieux que le reste, mais ce n'est pas le cas. C'est un symbole de notre arrogance et de notre jalousie. Aucun être humain ne devrait se considérer au-dessus ou en dessous des autres. De même, il peut y avoir plusieurs personnes qui ne sont pas à l'aise avec nous. Elles peuvent également essayer de nous rabaisser. Personne n'est parfait, mais pourtant certains peuvent penser d'eux-mêmes qu'ils le sont et, par conséquent, ils souhaitent nous rabaisser pour s'assurer que nous ne semblions pas meilleurs qu'eux. Dans cette quête, ils peuvent ressentir un sentiment d'accomplissement et se sentir supérieurs à nous. Par nature, certaines personnes sont souvent mal à l'aise avec elles-mêmes et ressentent le besoin de rabaisser les autres pour se sentir mieux. Cela peut être dû au manque de confiance des personnes et à leur sentiment d'insécurité. Ils projettent leurs insécurités sur les autres et les rabaissent simplement pour se sentir mieux. De cette manière, ils essaient d'ajouter plus de pouvoir à leur propre vie en faisant sentir aux autres qu'ils sont inférieurs.

Dans la vie moderne, hautement technologique, la plupart d'entre nous ne parviennent pas à faire face à l'augmentation du fardeau du travail et de la famille. La plupart d'entre nous restent stressés. Dans de telles conditions, si quelqu'un commence à nous rabaisser, nous sommes envahis par un complexe d'infériorité qui est plus dangereux pour notre progrès futur. En faisant face à des personnes habituées à dévaloriser, humilier et considérer les autres comme inférieurs à leur niveau, nous devons être très attentifs. Nous ne devrions pas les prendre à cœur. Au lieu de cela, nous devrions être capables de reconnaître que certaines personnes se comportent comme des rois supérieurs pour rabaisser les autres. Nous pouvons rencontrer de nombreuses personnes qui sont toujours désireuses de nous rappeler nos lacunes, nos défauts et tous nos points négatifs juste pour établir qu'elles sont meilleures que nous. Une telle personne peut être n'importe qui, notre voisin immédiat, notre collègue, un camarade de classe, nos prétendus amis ou des membres de la famille, etc. Ces personnes souffrent d'insécurité, certaines peuvent souffrir d'un égotisme élevé, d'un complexe de supériorité, et certaines peuvent être des narcissiques par nature.

La première chose, qui est très importante pour nous, est d'apprendre à faire face à ces types de personnes qui sont déterminées à nous faire nous sentir inférieurs à eux. Pour cela, nous devons d'abord comprendre qui sont ces personnes. Cela inclut approximativement :

• Les personnes qui ne sont pas satisfaites de leur propre vie. Elles sont en colère contre elles-mêmes et trouvent des défauts chez tout le monde autour d'elles.

- Ceux qui se sentent en retard par rapport à nous peuvent commencer à nous maudire. Ce sont principalement des personnes connues.

- Les personnes égoïstes sont généralement celles qui se considèrent au-dessus de toutes les autres personnes autour d'elles. Par orgueil, elles se pensent plus méritantes, compétentes et savantes. Elles souffrent de "rankisme" et se placent toujours au sommet. Pour nos actions compétentes, elles essaient délibérément de nous rabaisser.

- Certaines personnes sont habiles à orienter la conversation pour mettre en valeur leurs capacités en trouvant des défauts chez les autres.

- Certaines personnes ont l'habitude de dire quelque chose juste pour parler et non pour contribuer.

Nous devons garder à l'esprit que les personnes sûres d'elles et confiantes ne rabaissent pas les autres. Au contraire, elles aident à élever les autres. Elles peuvent critiquer de manière constructive, mais elles ne chercheront pas à dégrader les autres. Ceux qui ont l'habitude de rabaisser les autres manquent quelque chose dans leur vie. Pour cacher leurs défauts et leurs lacunes, ils font semblant d'être plus expérimentés, plus instruits, tout en contrôlant tout et tout le monde pour dissimuler leurs failles et leur insécurité. Il est possible que de telles personnes aient beaucoup souffert par le passé et vivent toujours avec le traumatisme de leurs propres expériences passées remplies de douleur. Ils trouvent une sorte de satisfaction à créer des problèmes pour les autres, pour ressentir la douleur comme ils ont souffert.

Lorsque quelqu'un essaie de nous rabaisser parmi les personnes qui nous entourent, nous devrions être capables de comprendre que cet individu révèle simplement à quel point sa vie a pu être malheureuse, frustrante et désillusionnée par le passé. C'est son problème et cela ne nous concerne pas.

Dans de telles circonstances, nous ne devrions ni répondre ni réagir à ce qu'ils disent de nous. Nous devrions simplement garder le silence pour le moment. Toute réaction ou réponse ne ferait qu'ajouter à notre déception. Nous devrions maîtriser nos émotions et ne pas ressentir de humiliation ou d'insulte. Toute réaction ou représailles pourrait aggraver nos problèmes.

Aucune personne au monde ne se sent bien quand elle est rabaissée, humiliée, ou critiquée sans raison apparente. Si quelqu'un nous rabaisse, cela blesse nos sentiments et peut provoquer des réactions émotionnelles dans notre esprit. Nous devons arrêter cela à tout prix et apprendre comment faire face à de telles personnes pour prendre soin de nous-mêmes.

1.Ignorer.

Tout d'abord, nous ne devrions pas laisser les critiques non désirées atteindre nos cœurs et nos esprits. Nous devrions ignorer les paroles arrogantes utilisées pour nous rabaisser.

2.Ne pas se mettre en colère.

Normalement, nous ne sommes pas habitués à écouter des paroles grossières et démoralisantes et nous perdons instantanément patience sous l'effet de la colère, ce qui nous pousse à réagir de manière plus arrogante. Cette attitude ne fera qu'aggraver la situation. Nous n'allons rien gagner de matériel ou autre, mais nous allons certainement perdre quelque chose d'important.

3. Ne pas rendre la pareille

Il est très difficile de contrôler nos émotions lorsque quelqu'un nous rabaisse parmi les personnes qui nous entourent. Notre esprit nous pousse à agir en représailles. Si nous cédons instantanément à la colère pour adopter une telle attitude, nous ferions exactement la même chose que la personne agressive et arrogante. Cela nous placera dans une position très difficile à la fin. Nous ne devrions pas répondre aux commentaires non sollicités de quiconque.

4 Se défaire de la jalousie :

Souvent, nos collègues, amis ou connaissances ressentent de la jalousie pour notre succès et nos réalisations. Ils peuvent montrer qu'ils sont heureux de notre succès, mais leur esprit reste occupé à chercher l'occasion de nous rabaisser par jalousie. Nous devons être très prudents, garder notre calme, contrôler nos émotions rebelles et ne pas leur répondre. Nous devons savoir qu'ils ne sont pas nos bienfaiteurs, mais plutôt des personnes qui manquent de compétences, d'intelligence et de capacité, toujours à l'affût pour dénigrer les autres, se moquer d'eux, les rabaisser. Dans de telles circonstances, il serait préférable de rester silencieux. Notre silence face à leurs commentaires sera un puissant outil contre eux.

5. Comprendre les intentions :

Les véritables bienfaiteurs ne cherchent pas à rabaisser quelqu'un par jalousie, pour s'amuser ou pour se réjouir de se moquer des autres, en particulier des personnes connues. Ils parlent intentionnellement mal de nous et attendent également notre réaction ou représailles. Ne pas répondre fera disparaître leur désir de nous rabaisser. Au contraire, cela suscitera un flot d'émotions frustrantes dans leur esprit.

Être audacieux :

Nous devrions être assez audacieux pour faire comprendre à ces personnes de manière claire et directe qu'elles doivent cesser de nous rabaisser. La personne qui essaie de nous rabaisser pourrait se sentir offensée et aggraver ses remarques. Les personnes autour de nous comprendront certainement notre position et se joindront à nous pour lui demander d'arrêter ses paroles déraisonnables et vulgaires.

Éloignez-vous d'une compagnie toxique.

Nous pourrions être en compagnie de personnes qui ne se soucient que d'elles-mêmes, de leurs intérêts, de leurs avantages, même au détriment de leurs amis. Leur focalisation reste concentrée sur leur progression et leur bien-être. Nous partageons tous nos problèmes et difficultés franchement avec nos amis dans l'espoir de trouver des conseils, de l'aide et de la coopération. Sans réaliser nos problèmes, ils pourraient commencer à nous parler des leurs. En d'autres termes, ils essaient d'établir que nos problèmes ne sont pas aussi sérieux que les leurs. C'est un style subtil pour nous rabaisser. Un véritable ami est celui qui écoute attentivement nos problèmes et essaie au mieux de nous fournir différentes options pour les résoudre, en garantissant son aide et sa coopération sans parler des histoires de leurs problèmes. Nous devons nous éloigner d'une telle compagnie toxique parmi nos amis.

Avantages indus

Certains cherchent à obtenir des avantages indus. Ces types de personnes auront toujours l'air de se tenir à nos côtés, mais seulement lors de nos réussites. Ils ne seront présents que lorsque nous réussissons et allons bien, et tenteront de s'associer à nous. Ils ne seront pas là pour nous quand nous avons besoin d'eux lors de périodes difficiles. De vrais amis n'évitent pas leurs responsabilités. Ils sont toujours là pour s'entraider à travers des moments difficiles pleins de défis.

L'humiliation crée de la haine.

Quand nous rabaissons les autres, quelle que soit la raison, cela crée des émotions de haine dans leur esprit. L'élément de haine est rempli d'actions de vengeance. C'est peut-être une raison majeure pour laquelle les personnes que nous rabaissons intentionnellement ou non pourraient se venger à tout moment à l'avenir. Nous devrions éviter de ridiculiser les autres, car ils pourraient se transformer en notre pire ennemi.

Ceux qui rabaissent ou humilient constamment les autres n'ont pas le courage ni la capacité de se défendre eux-mêmes. Mais ils essaient de rabaisser les autres avec leur langage méchant, leurs actions, leurs idées, etc. Lorsque quelqu'un essaie de nous rabaisser, nous devons comprendre que nous sommes meilleurs que lui.

Pour maintenir le bonheur et la paix dans la vie, il existe de nombreux exemples dans les textes sacrés de toutes les religions. Si ces exemples sont suivis, alors beaucoup de nos problèmes peuvent être résolus. Notre vie sera emplie de bonheur et de paix. En conséquence, nous pourrons facilement gravir les échelons du succès. Nos aînés, nos ancêtres, les saints, les gourous et les textes religieux nous ont dit de ne jamais commettre les erreurs suivantes dans la vie :

Ne pas se vanter. Certaines personnes se vantent de leur position et de leur richesse, et à cause de cette arrogance, elles commencent à considérer les autres comme inférieurs. Ces personnes dévalorisent très souvent les autres de temps en temps. Rabaisser les autres est pour eux une source de divertissement. Ils en tirent du plaisir. Leur attitude devient une cause de douleur aiguë pour les autres. En tout cas, le fait de rabaisser les autres ou de les blesser est une source qui engendre l'animosité, la haine et la vengeance. Cette habitude devrait être abandonnée.

Ne soyez pas envieux en voyant le succès et le confort des autres. La plupart d'entre nous deviennent très facilement jaloux en voyant le bonheur et le succès des autres. Cela accroît le stress mental. Nous devrions être heureux et satisfaits de ce que nous avons et possédons.

1.Ne cherchez pas à extorquer de l'argent des autres. Nous oublions la différence entre le bien et le mal pour obtenir de l'argent. Certains d'entre nous essayent de s'approprier l'argent des autres et font des tentatives pour y parvenir. Le désir de gagner la richesse et les biens d'autrui est un chemin qui nous mène vers la criminalité. Nous commençons à commettre des crimes sous le fort désir d'obtenir de l'argent rapidement. Cette habitude non seulement gâchera notre avenir, mais celui de notre famille sera également bloqué et entaché.

2.Cessez de nuire aux autres. Nuire aux autres est un acte qui finira par nous nuire. Nous devrions porter notre attention sur notre travail.

Chapitre 11

Deux Mesures

Dans chaque société, il existe toujours certains principes fondamentaux acceptés et adoptés par la plupart des gens. La plupart des individus s'adaptent et acceptent ces principes. Tout cela est fait pour maintenir en ordre le système sous lequel les gens peuvent vivre une vie heureuse et sans tracas, et pour maintenir de bonnes relations. Certains principes concernent la moralité et l'honnêteté des individus, considérés comme très importants dans chaque société. Tous ces principes combinés forment un code éthique ou moral qui doit être appliqué de manière égale à toutes les personnes, individus ou groupes de personnes. Ce code de conduite standard s'applique à tous les aspects de notre vie. Il devient une manière d'évaluer ce qui est bon et ce qui est mauvais, ce qui doit être fait et ce qui ne doit pas l'être. Il devient un système de principes régissant et de conduite acceptable. Tout comportement immoral doit être traité selon le même code standard, peu importe le statut et la position de la personne en faute. C'est un outil pour juger de la conduite des membres de la société. Les personnes responsables de l'évaluation de la conduite jouent un rôle très important dans leur prospérité pour des décisions impartiales. Ces principes fondamentaux de la conduite morale sont en train de faire évoluer de nouveaux concepts dans la société.

Le prétendu code de conduite standard est maintenant utilisé différemment pour différentes personnes, situations et comportements. Maintenant, il est devenu courant de jouer double jeu pour la plupart des gens.

De nombreux écrivains, penseurs et intellectuels honnêtes et ouverts de notre pays ont admis l'adoption de critères à double standard et un comportement à deux visages dans nos vies. Ceux impliqués dans la corruption prêchent l'éloignement de la corruption, tandis que les diffamateurs et les hypocrites appellent à agir avec honnêteté envers autrui.

Les corrupteurs désirent que les autres soient intègres. Les avares dispensent des conseils pour se détacher de l'illusion de la richesse (Maya). Certains individus injurient, méprisent et manquent de respect envers les femmes, tout en enjoignant les autres à les protéger et les respecter. Une personne suivant le chemin de l'immoralité donne des leçons de moralité. De nombreux exemples témoignent de ce double jeu dans notre société.

Des métiers jadis considérés comme le fait de personnes malhonnêtes, peu instruites, voire criminelles et sales, sont désormais exercés par des individus bien éduqués, réfléchis et influents. Simplement parce qu'ils estiment qu'après leurs actes arbitraires, nul ne pourra les punir. Ils savent parfaitement comment échapper aux conséquences de leurs actions. Il est crucial de se rappeler qu'il existe beaucoup de personnes corrompues dans la société, mais il en existe tout autant qui demeurent incorruptibles.

Tout acte considéré nuisible à la société, lorsqu'il est commis par autrui, devient acceptable s'il est perpétré par ces mêmes individus, transgressant ainsi le code de conduite accepté par la société. Cette attitude discriminatoire et ces standards différents s'enracinent de plus en plus profondément.

Qu'est-ce que le double standard ? En des termes simples, c'est l'application de règles ou de principes différents pour des actions ou des situations qui sont en tous points identiques. Non pas similaires, mais exactement les mêmes. Cette application de principes vise à favoriser une personne par rapport à une autre, un groupe par rapport à un autre groupe. Cela se produit lorsque deux actes de personnes, de situations ou d'événements identiques sont traités différemment selon les principes qui devraient les considérer de manière équitable. Selon la pensée de la philosophe et écrivaine Margaret Eichler, un double standard "implique que deux choses identiques sont évaluées selon des normes différentes." Il s'agit d'une règle ou d'un principe injustement appliqué de manières différentes à différentes personnes ou groupes de personnes.

Nous en sommes où ?

Si nous réfléchissons à nos actions, à nos pensées et à notre comportement, nous constaterons d'une manière ou d'une autre que nous avons tous adopté, d'une manière ou d'une autre, une forme de double standard dans nos vies. Malheureusement, il est répandu partout et chez tout le monde. Il est important de ne pas juger une personne en fonction de son sexe, de sa race, de sa caste, de sa position, de son statut, de sa religion, de sa richesse, de ses vêtements ou de tout autre critère. Qu'il s'agisse d'un homme ou d'une femme, riche ou pauvre, cadre ou employé, toute action devrait être évaluée selon le même ensemble de principes, de règles ou de code d'éthique pour faire face aux mêmes conséquences découlant de ses actes.

Nous pouvons être tout sauf rationnels. Si nous nous demandons si nous jugeons équitablement les autres, il est fort probable que nous croyions le faire. Mais lorsque nous examinons et jugeons nos propres décisions pour une action similaire à celle des autres, il devient évident que nous avons été tout sauf équitables. Nous appliquons le code standard de principes de manière à permettre des normes de comportement différentes pour différentes personnes, groupes, etc.

Les doubles standards en famille

La première leçon sur les doubles standards est apprise lorsque nous voyons notre sœur, notre mère ou toute autre femme être discriminée. La discrimination entre les garçons et les filles peut être ressentie même dans de petites choses. Les filles sont élevées de telle manière qu'elles ne sont pas comme les garçons, et cette discrimination commence dès le ventre maternel. Si les parents ou les grands-parents découvrent qu'il y a un garçon dans le ventre, alors la femme enceinte est bien soignée, mais s'il est découvert qu'il y a une fille dans le ventre, soit la mère est forcée d'avorter, soit elle doit subir toutes sortes de tortures. Après la naissance, un garçon jouit de toutes sortes de libertés en matière de vêtements, de vêtements, de sorties avec ses amis, de rentrée tardive à la maison. Mais dans le cas des filles, les parents imposent toutes sortes de restrictions.

• De nombreuses restrictions sont imposées aux filles, tout est arrêté en même temps, on les interroge sur la moindre chose. Dès sa naissance, son père commence à se préoccuper de son mariage. L'accumulation totale des choses est telle que le tronc des charmes court comme une ombre tout le temps avec lui.

- Ne fais pas ça ; ça ne convient pas aux filles."
- Ne reste pas longtemps à l'extérieur de la maison."
- Apprends les travaux ménagers car demain tu devras aller dans une autre maison après le mariage."

Mais dans le cas des garçons, nous trouvons différents types de doubles standards dans nos familles. Il est très courant d'imposer plus de pression sur l'enfant aîné. L'enfant aîné se voit confier plus de responsabilités, tandis que l'enfant plus jeune est ignoré. Ce comportement des parents est une double peine. L'enfant plus âgé se sent juste comme un travailleur et non comme un fils. Il doit très souvent faire des compromis avec ses souhaits, tandis que l'enfant plus petit se sent négligé. À un moment donné, il peut y avoir de la confusion entre les enfants plus âgés et plus jeunes, et la situation peut devenir pire.

Double standard et discrimination entre fille et belle-fille.

Dans la plupart des familles indiennes, la belle-fille est souvent considérée comme une étrangère et non comme un membre de la famille. En revanche, la fille bénéficie de toutes les libertés. Elle n'est pas tenue de s'occuper des tâches ménagères et est libre de ses choix. En revanche, un livre contenant toutes sortes de coutumes, de rituels et de traditions est ouvert lorsqu'il s'agit de la belle-fille. Chacun de ses actes est soumis à un contrôle strict imposé par les beaux-parents. Ces derniers décident de ses vêtements, de ses interactions sociales, de ses actions, de ses mouvements, et même si, de nos jours, elle travaille et gagne un salaire convenable, ses comptes bancaires deviennent la propriété de ses beaux-parents. Elle n'a pas le droit de gérer son propre compte bancaire à sa guise ; chaque centime dépensé pour elle-même est scruté et un suivi minutieux de ses revenus et dépenses est effectué par sa famille d'accueil. De plus, la fille a la liberté de prendre tout cadeau reçu par la belle-fille sans son consentement.

Double standard au travail

Les doubles standards au travail consistent en des politiques ou des codes favorisant une personne ou un groupe par rapport à un autre, pour diverses raisons. Le favoritisme en est l'une des principales. Par exemple, Monsieur A et Monsieur B travaillent dans le même bureau, recrutés le même jour et perçoivent le même salaire. Monsieur A est sociable et charmeur, mais peu efficace dans son travail, contrairement à Monsieur B, consciencieux et dévoué. Lors de l'évaluation annuelle, Monsieur A a été promu tandis que Monsieur B a été ignoré. Bien que Monsieur B ait excellé dans son travail, sa promotion a été refusée car il manquait de convivialité. En revanche, Monsieur A avait établi des relations personnelles amicales avec la direction, et peu avant l'évaluation, il a effacé des fichiers cruciaux du système de Monsieur B, fichiers pour lesquels ce dernier avait fourni beaucoup d'efforts pour collecter des données sensibles. Cette suppression a été considérée comme une faute grave, mais Monsieur A n'a pas été sanctionné. Au contraire, il a été promu.

Les actions de Monsieur A relèvent du domaine criminel selon les règles de l'entreprise. Une enquête interne aurait dû être menée pour sanctionner cet employé. Cependant, au lieu de cela, il a été récompensé. Ce cas n'est pas isolé ; de nombreuses personnes sont confrontées à des situations similaires. La performance est dévalorisée au profit de la flagornerie. Nous sommes nombreux à être confrontés à de telles situations.

Je me souviens d'une autre situation où un employé ne prenait jamais son travail au sérieux. Il passait beaucoup de temps à naviguer sur divers sites sur Internet ou à s'occuper de ses tâches personnelles. Les autres employés avaient déjà beaucoup à faire. Ils étaient tellement absorbés par leur travail officiel qu'ils avaient du mal à prendre une pause déjeuner ou une pause. Le directeur connaissait bien l'employé et son travail, mais il n'a jamais fait d'objection. Par ailleurs, il était très strict en ce qui concerne la production des autres employés. Son attitude envers cet employé était très indulgente. Dans de telles circonstances, le moral des autres employés en a souffert. Plus tard, on a découvert que le directeur embauchait ses connaissances ou ses proches et avait l'habitude de les favoriser également. Ces employés pouvaient s'en sortir avec tout, même si leur éthique de travail était très discutable. Lorsqu'une question a été posée à la direction sur le comportement du personnel embauché, une réponse claire et simple a été donnée : vous n'avez pas le droit de remettre en question la décision du directeur. Ce type de double standard se retrouve plus ou moins dans tous les lieux de travail et dans tous les bureaux.

Le double standard entre amis.

Quand il s'agit du double standard en amitié, il n'y a pas de limite. Cela peut concerner des petites choses, voire des détails négligeables. Je me souviens d'un exemple de deux meilleurs amis qui étaient très proches l'un de l'autre. Ils partageaient leurs expériences, leurs événements et leurs histoires. Tous les deux étaient toujours prêts à s'aider mutuellement en cas de problème. Une fois, l'un des amis avait un besoin urgent d'argent et il a demandé de l'aide à son ami. Mais son ami proche était un gars pauvre. Il n'était pas en mesure de rassembler de l'argent instantanément. Il a réussi à emprunter de l'argent après avoir mis en gage sa bague de fiançailles et l'a donné à son ami. Son ami était très heureux de voir l'affection de son ami proche. L'ami qui a reçu l'argent savait bien qu'il s'agissait d'un prêt que son ami devait rembourser avec intérêt.

Malgré le fait de connaître tous les faits, il ne s'est pas soucié de rendre l'argent à la date convenue. Le temps a passé. Après avoir constaté la disparition de la bague des doigts du garçon, ses parents ont demandé des explications. Sous la pression de ses parents, il a réclamé son argent à son ami. Sa demande a été perçue comme un acte de prêteur sur gages par son ami qui a détourné les yeux. Maintenant, il évitait de le rencontrer. Il l'ignorait s'il essayait de le contacter. Il y a une bonne maxime pour cet incident.

"J'avais mon ami et mon argent

J'ai donné mon argent à mon ami

J'ai demandé mon argent à mon ami

J'ai perdu mon argent et mon ami."

Dans son moment de besoin, cet ami proche s'est comporté comme un bon ami, mais une fois ses besoins comblés, il a rompu son amitié avec la personne qui l'avait soutenu dans les moments difficiles. "Un ami dans le besoin est un ami en effet" prend un tout autre sens. Un ami n'est pas un besoin, mais il est réellement un fou.

Amitié à double standard.

Parfois, nous choisissons nos amitiés en fonction de nos besoins. Nous recherchons l'amitié de ceux qui peuvent nous aider en cas de nécessité. Les personnes que nous considérons comme nos amis d'enfance ou nos meilleurs amis n'ont pas de place dans nos priorités si elles ne peuvent pas nous soutenir dans les moments difficiles. Nous changeons la nature de l'amitié, la comparant en termes de pertes et de profits.

Nous adoptons rapidement un double standard lorsque nous comparons nos amitiés avec celles d'autres personnes. Nous sommes enclins à accepter les critiques dures d'un ami influent qui peut nous aider dans les moments difficiles. Mais nous refusons d'écouter une seule critique venant d'un ami moins puissant. Il arrive cependant que notre ami influent nous trahisse en période difficile tandis que l'ami que nous estimions incapable de nous aider vienne à notre secours. Nous pouvons taquiner, critiquer et rabaisser cet ami moins puissant, mais nous ne sommes pas prêts à accepter une réciprocité similaire. En revanche, nous manquons le courage de confronter un ami riche, même s'il adopte un comportement arrogant, nous accusant d'être un ami désagréable et mauvais.

Double standards dans la société.

Aujourd'hui, nous vivons avec un état d'esprit double, adoptant des normes différentes pour chaque situation. Nos préoccupations sont principalement centrées sur nos intérêts et avantages personnels. Souvent, nous préférons ignorer les difficultés et la souffrance des personnes qui nous entourent, refusant de partager ou d'aider ceux qui souffrent.

En réalité, nous avons tendance à ne pas ressentir la douleur ou la tristesse face aux souffrances des autres, pensant que nous ne serons probablement pas affectés par de telles situations. Ces attitudes persistent dans notre société malgré les évolutions survenues au fil des années. Nous devons nous améliorer en matière de doubles normes, notamment en lien avec le genre, la caste, la croyance, la religion, la race, la couleur, le statut, la position et la richesse des individus. Ces doubles normes blessent tout le monde et nuisent à l'environnement. Nous ignorons ces normes lorsqu'elles concernent autrui, mais nous les ressentons comme une source d'humiliation et de honte lorsqu'elles nous sont appliquées.

Il est essentiel d'examiner certaines des doubles normes auxquelles nous faisons face dans tous les domaines de notre vie.

GENRE

En ce qui concerne les doubles normes entre les femmes et les hommes, elles sont visibles de manière prépondérante dans tous les domaines de la vie. Bien que la situation s'améliore, les femmes au travail sont considérées comme moins compétentes, elles ont moins d'opportunités de croissance, moins d'opportunités de participer à la planification future ou au processus de prise de décision. Même à la maison, très souvent, leurs points de vue sont ignorés par les membres masculins de la famille. Les femmes ne décident pas comment elles devraient passer leur journée, ce sont toujours les membres de la famille ou les soi-disant chefs au travail qui décident de leurs activités quotidiennes. À la maison, il y a des restrictions en termes de temps, de style, d'habitudes, et ainsi de suite. Au travail, elles sont blâmées pour leur manière de s'habiller, leurs vêtements révélateurs, alors que les hommes sont libres de mal se comporter.

Peu importe à quel point nous prétendons être modernes et éduqués, nous avons échoué à donner un statut égal à nos belles-filles par rapport à nos filles. Le temps a changé, la pensée a changé, les femmes travaillent désormais, elles occupent des postes plus élevés, gagnent davantage, mais elles doivent encore surmonter de nombreux obstacles créés par les doubles normes de la société.

RACIALES

Ce que nous ressentons tous, c'est que certaines personnes appartenant à des groupes ethniques et raciaux spécifiques sont souvent considérées comme des individus de basse condition. Il arrive fréquemment qu'on leur refuse leurs droits légitimes uniquement en raison de leur caste, de leur race et de leur croyance. Ces personnes sont constamment dominées par d'autres.

La caste joue un rôle très important dans notre société. Les doubles standards basés sur la caste sont visibles partout, dans les quartiers résidentiels, les colonies, les écoles, les universités, les bureaux, sur le lieu de travail, sur le marché du travail et dans la vie quotidienne de nous tous. Sans connaître une personne en tant qu'être humain, nous commençons à le percevoir en fonction de sa race et de sa caste. Rien qu'en sachant qu'une personne appartient à une classe inférieure, nous commençons à la mépriser, sans connaître ses véritables qualités. Simplement parce qu'il est issu d'une classe inférieure, nous le considérons comme moins intelligent, voire comme stupide. En revanche, lorsque nous rencontrons une personne que l'on dit appartenir à une classe élevée, nous commençons à lui témoigner un respect indu, même s'il peut être vraiment stupide. Nous oublions d'analyser l'élément essentiel de l'humanité, qui constitue la pierre angulaire de la plupart des systèmes de valeurs. Nous devons reconnaître les valeurs humaines avant de tenir compte de la caste et de la croyance d'une personne. Bien que notre société soit en train de progresser pour le mieux, nous restons prisonniers d'un ensemble de doubles normes qui continuent de diviser les gens en fonction de l'une ou l'autre de ces caractéristiques.

"Profitez des petites choses de la vie, car un jour vous regarderez en arrière et réaliserez qu'elles étaient les choses importantes."

Chapitre 12

Poser les fondements d'une vie bonne, heureuse et satisfaisante

En ces jours difficiles, tout semble aller à l'encontre de nos souhaits. Notre lieu de travail, notre famille, notre esprit et notre cœur traversent tous des périodes de tristesse et d'agonie. Tout semble difficile et ardu. En de tels moments, nous nous mettons nerveux, perdons patience, et l'esprit est saisi par la peur et l'insécurité. En de tels moments, il est naturel pour quiconque de perdre son sang-froid et d'être sous l'emprise de la colère ; nous oublions les valeurs humaines et l'éthique morale. Cela nous arrive à tous, avec une raison, et nous avons tendance à ignorer de nombreuses choses.

En même temps, dans le cours normal de la vie, lorsque tout se déroule comme nous le souhaitons, pourquoi oublions-nous de prendre soin des petites choses ? En ignorant les petits détails, les petites habitudes, une petite courtoisie, nous ne recherchons que de grandes choses. Nous dépensons toute notre énergie à atteindre de grands objectifs et oublions que ce sont les petites choses, les petits pas et nos petites décisions dans la vie quotidienne qui font de nous un être digne, respecté et aimé de tous. Notre petit geste de respect envers nos subordonnés, notre signe de respect envers les aînés, nos efforts pour aider les nécessiteux peuvent contribuer à établir notre identité reconnue par les gens. Les grands objectifs sont nos cibles ultimes et les chemins menant à la réalisation de grandes choses passent par des centaines de petits efforts et de petites décisions. Ce sont seulement les petites choses qui déterminent notre caractère, notre personnalité et notre altruisme. Je vous présente ci-dessous une histoire personnelle incroyable écrite par l'ancien président sud-africain Shri. Nelson Mandela.

Histoire : Nelson Mandela

"Après être devenu président, j'ai un jour demandé à certains membres de ma protection rapprochée de se promener avec moi en ville pour déjeuner dans l'un des restaurants. Nous nous sommes installés dans l'un des restaurants du centre-ville, et nous avons tous commandé à manger.

Après un moment, le serveur nous a apporté nos commandes. J'ai alors remarqué que quelqu'un était assis en face de ma table en attendant de la nourriture. J'ai dit à l'un des soldats de ma garde de protection d'aller demander à cette personne de se joindre à nous et de manger avec nous. Le soldat est allé demander à l'homme de faire exactement cela. L'homme a apporté sa nourriture et s'est assis à côté de moi pour commencer à manger. Ses mains tremblaient constamment et il transpirait abondamment. Il a réussi tant bien que mal à terminer son repas et est parti. L'un des soldats a alors suggéré que l'homme avait l'air assez malade car ses mains tremblaient en mangeant. J'ai dit que l'homme n'était pas malade et je leur ai expliqué que l'homme était l'un des gardes de la prison où j'avais passé de nombreuses années. De plus, je leur ai expliqué que de nombreuses fois, après avoir subi la torture en prison, je criais et demandais un peu d'eau. Ce même gardien venait alors vers moi et, au lieu de me donner de l'eau, il urinait sur ma tête. C'est pourquoi il tremblait. L'homme s'attendait à ce que je me venge, car j'étais maintenant président. Mais cela ne correspond ni à mon caractère ni à mon éthique. La mentalité de la vengeance détruit les États, tandis que la mentalité de la tolérance construit les nations."

Nos petits gestes, nos petites actions et nos petites habitudes ont le pouvoir de faire une grande différence dans la vie. Lorsque nous parlons de petites choses, la plupart d'entre nous les ignorent, mais en réalité, elles sont très importantes car elles créent la vie que nous menons. Par habitude, nous ne nous soucions pas des petites habitudes et des petits actes qui jouent un rôle important pour atteindre un grand objectif. Par erreur, nous croyons que seules les grandes choses peuvent changer notre vie, alors que ce sont les petites choses qui ouvrent la voie à la réalisation de grands objectifs. Bruce Burton a bien dit : "Parfois, quand je considère les conséquences énormes des petites choses, je suis tenté de penser qu'il n'y a pas de petites choses."

John Wooden a dit : "Ce sont les petits détails qui sont vitaux. Les petites choses font arriver les grandes choses."

Trop souvent, nous sous-estimons le pouvoir des mots doux, de la politesse, de l'aide, du comportement amical sans jalousie, de la gentillesse, de la sollicitude, de l'écoute, de l'honnêteté, de la vérité et de la gratitude, tous ces éléments ont le pouvoir d'améliorer notre joie, notre bonheur et notre santé. Il y a plusieurs raisons qui nous disent pourquoi ce sont les petites choses qui comptent le plus.

1 .Développement de la personnalité :

En poursuivant de grands événements, nous oublions souvent que notre personnalité ne se forme pas grâce à eux.

Nos petits choix, petites décisions et petits actes d'une bonne attitude sont des choses qui passent inaperçues pour nous. Cependant, ce sont les choses qui forment notre personnalité dans la société. Lorsque nous choisissons de faire ce qui est juste, nous sommes plus susceptibles de respecter nos principes même si nous devons faire face à des résistances, des obstacles et des obstacles. Si nous compromettons nos principes en ignorant nos petits actes, nous n'aurons peut-être pas à affronter de résistance, mais cela diluera notre caractère. Les petites choses sont des instruments qui nous aident à développer notre caractère et notre personnalité. Exprimer sa gratitude, s'excuser, tendre la main aux nécessiteux, se soucier des souffrances des autres, être poli, ne pas avoir de jalousie ni de rancune, respecter les autres sont des ingrédients essentiels qui contribuent grandement au développement de notre personnalité. Notre personnalité est la somme de nos mérites, de nos défauts, de nos qualités, de nos lacunes, de notre engagement envers les valeurs morales.

2 .Reconnaissance sociale :

La reconnaissance sociale est le symbole de respect que nous recevons en montrant une certaine unicité de notre caractère pour le bien de la société. La reconnaissance sociale est atteinte lorsque la société et les gens autour de nous commencent à nous louer, à nous apprécier et à nous reconnaître pour notre contribution au bien-être des autres. Dans le cercle de nos connaissances, il y a certainement quelqu'un en besoin de petite faveur. Il n'attend peut-être pas grand-chose, simplement un mot d'encouragement, un petit mot d'espoir ou notre petit acte de gentillesse. Ici, nous avons le pouvoir de faire ou de défaire son avenir. Un peu d'aide de notre part peut faire naître de nombreux sourires sur son visage. Cela peut conduire à une réussite extraordinaire pour nous. En choisissant d'aider les autres, nous choisissons le leadership. Et le leadership accroît la reconnaissance. Mais tout commence par de petites actions qui aident les autres.

La reconnaissance sociale signifie :

Nous sommes valorisés par les autres.

Nous sommes appréciés par les autres.

Nous sommes aimés par les autres.

Et nous sommes vus par tous.

3. Les petites choses nous aident à grandir.

Nous avons tous peut-être lu un célèbre adage : "Les petites choses mènent aux grandes choses." Un fils adolescent d'un fermier observe avec curiosité comment son père travaille dur dans les champs agricoles. Le fermier met ses efforts avec une dévotion totale pour chaque petit acte nécessaire à la croissance de sa récolte. Tout d'abord, il travaille la terre brute avec sa sueur tombant sur la terre sous la chaleur torride du soleil. Il passe beaucoup de temps à éliminer les déchets des graines à cultiver, gère l'irrigation de son champ en fonction de la saison et prend soin méticuleusement de chaque plante. Passer ses journées et ses nuits à la protéger ne vise pas à remporter un grand événement. Chacun de ses petits actes est une habitude pour cultiver une pratique de performance qui peut transformer ses petits efforts en une récolte complète du produit cultivé. Il sait bien que la série de ses petits actes accomplis en série est destinée à une grande réussite. C'est simplement une question d'habitude qui se transforme en notre pratique.

Il en va de même pour nous tous. Les actes ordinaires que nous accomplissons chaque jour déterminent notre chemin, et ce chemin détermine notre destin. Si nous voulons faire la différence, nous devons gérer les petites choses avec intégrité totale, dévouement total, honnêteté et sincérité. Mais nous dépensons notre énergie, prenons des mesures difficiles, explorons différentes voies et mettons tout en jeu dans l'espoir d'obtenir quelque chose de grand. Tous ces efforts et cette dépense d'énergie sont inutiles car ce sont les petits efforts, les petites choses et les petits pas qui apportent de véritables changements dans notre vie. Peu importe à quel point ils sont petits, nous devons faire quelque chose qui a de l'importance. Ça peut être n'importe quoi. Un petit trou peut faire couler le plus grand navire. Les événements qui semblent petits et simples sont en réalité très importants et extraordinaires.

Une légende raconte qu'un roi d'un grand empire avait un serviteur à son service. Pour le salaire, le salaire a été fixé à un roupie par mois. De plus, il y avait une condition selon laquelle le salaire devait être doublé proportionnellement chaque mois. Le roi a trouvé cette condition facile. Dans le même ordre, le salaire a commencé à augmenter. Au deuxième mois, deux roupies, au troisième mois, quatre roupies, au quatrième mois, huit roupies, au cinquième mois, seize roupies, au sixième mois, trente-deux roupies, au septième mois, soixante-quatre, et finalement il est arrivé à cinq cent mille roupies par mois.

Ensuite, le roi comprit que la condition qu'il pensait être très petite et facile était en réalité beaucoup plus grande.

Un petit changement dans les habitudes alimentaires peut faire une différence dans notre santé.

Un petit changement dans les habitudes de dépenses peut nous apporter la fortune.

Un petit investissement peut rapporter de grands bénéfices.

Un petit changement dans notre façon de penser peut faire une grande différence dans notre attitude.

Napoléon Hill a dit : "Si vous ne pouvez pas accomplir de grandes choses, faites de petites choses de manière grandiose."

4. Être positif

Une personne positive est quelqu'un qui s'efforce de transformer le côté sombre de la vie en un côté lumineux. Elle pense de manière optimiste, cherche des solutions possibles et reste optimiste quant aux résultats attendus et au succès. Son attitude positive génère de l'énergie pour rendre la vie plus heureuse. Une personne heureuse reste dans un esprit paisible, loin des tracas et des soucis, et ne voit que le côté lumineux de la vie. Lorsque nous sommes positifs, nous apportons de l'optimisme dans notre vie, ce qui nous aide à apporter des changements constructifs tout autour.

"Le problème est que la plupart d'entre nous adoptent une approche négative. Nous avons tendance à devenir pessimistes plus facilement qu'optimistes. Ainsi, la majorité d'entre nous ont une approche négative envers tout. Lorsque nous commençons à voir quelque chose de mauvais, de négatif, ou de faux chez une personne ou dans une situation, c'est uniquement une question de notre pensée négative qui détermine nos pensées et, par conséquent, nos résultats. Nous devons nous entraîner à adopter une approche positive et optimiste. On croit que la pensée guide l'homme. La pensée négative entraîne des choses négatives. La pensée positive mène à des choses positives et se traduit toujours par le bonheur. Une citation très célèbre, attribuée à de nombreux grands penseurs, dit quelque chose comme ceci:"

"Lorsque vous semez une pensée, vous récoltez une action, lorsque vous semez une action, vous récoltez une habitude, lorsque vous semez une habitude, vous récoltez un caractère, et lorsque vous semez un caractère, vous récoltez un destin. Les pensées sont comme des graines. Vous ne pouvez pas semer la graine d'une plante et obtenir une autre : les chardons ne produiront jamais des jonquilles ! Lorsque vos pensées sont positives, puissantes et constructives, votre vie reflétera cela."

"Si nous pensons à la catastrophe, nous avons plus de chances de vivre une catastrophe. Si nous pensons à quelque chose de bon, nous obtiendrons très probablement quelque chose de bon. Tout ce à quoi nous pensons se manifeste d'une manière ou d'une autre. Si nous pensons de manière positive avec confiance et foi, notre vie deviendra plus sûre, plus remplie d'action, plus riche en réalisations et en expériences."

"Nos pensées peuvent aussi influencer nos rêves, même si parfois la connexion ne semble pas trop apparente. La plupart des nuits, nos rêves n'ont pas de sens pour nous, mais nous voyons souvent des personnes que nous avons rencontrées pendant la journée et des événements qui se sont produits au cours de la journée sous une forme ou une autre dans nos rêves. Parfois, nous ne sommes même pas conscients que nous pensions à ces personnes ou à ces événements, mais notre subconscient était occupé. Essayons de comprendre cela à l'aide d'une anecdote."

Histoire : Mollah Nasreddin au Paradis

Une fois, le célèbre Mollah Nasreddin réfléchissait aux installations et commodités qui pourraient être disponibles au paradis. Il atteignit le paradis dans ses rêves et y découvrit une incroyable abondance royale de tout, facilement accessible à tous. Au paradis, il trouva que tous ses souhaits se réalisaient juste en y pensant. Il eut faim et désira des plats délicieux, et voilà qu'une table pleine de différents plats apparut juste devant lui. Waouh ! Il fut surpris. Cela semblait être un miracle d'obtenir une telle nourriture somptueuse juste en y pensant. Cependant, son esprit pratique le poussa à remettre en question la possibilité que la nourriture se matérialise de nulle part simplement parce qu'il y avait pensé. Et immédiatement, la table remplie de nourriture disparut. Il se repentit de son cynisme et désira que la nourriture revienne. Les plats réapparurent. Il finit son repas et ressentit soudainement le besoin de boire quelque chose. Immédiatement, le vin qu'il préférait apparut, et il en fut ravi. Après avoir consommé un repas copieux et du vin, il se sentit fatigué et pensa qu'il devait se reposer un peu. Tout en se reposant, il se demanda qui pouvait bien être à l'origine de tout ce luxe au paradis. Cela ne pouvait certainement pas être le fait d'un être humain. Il devait y avoir une autre force derrière tout cela. Peut-être que c'étaient des fantômes, pensa-t-il. Et soudain, il fut entouré de fantômes. Ils étaient terribles et ressemblaient exactement à ce qu'il avait imaginé. Mollah Nasreddin eut peur des fantômes et pensa qu'ils allaient le chasser du paradis. Les fantômes le saisirent immédiatement par les jambes et le jetèrent hors du paradis. En se réveillant de sa rêverie, Mollah dit à sa femme que tout le monde vit dans un monde créé par ses pensées et obtient ce qu'il estime mériter.

C'est bien plus qu'une simple histoire amusante. Si l'on enlève la magie et l'exagération, on peut voir que c'est en réalité un commentaire sur la manière dont les choses se passent dans notre vie aussi. Cependant, nos pensées sont en effet la première étape qui nous rend créatifs dans nos actions. Il nous appartient de nous assurer que nous orientons nos pensées et les entraînons dans la bonne direction. Nos pensées sont très puissantes et peuvent déterminer le résultat final. En d'autres termes, ce que nous pensons finira par produire le résultat auquel nous pensons. Cela peut être bon ou mauvais. Tout dépend de nous. Les grandes inventions des grands hommes ne sont pas le fruit d'un jour. Ils ont passé de précieuses années de leur vie à apprendre étape par étape pour obtenir ce qu'ils voulaient. Dans leurs efforts infructueux, ils ont appris les raisons de leurs échecs et ont recommencé pour rectifier leurs efforts, améliorer leurs compétences et atteindre finalement leurs objectifs. Cela n'a été possible que grâce à des pensées positives. Nous sommes tous dans le même bateau. Quand nous souhaitons obtenir quelque chose, cela nous rend heureux. Quand nous sommes heureux, nous sommes en meilleure position pour penser positivement. Quand nous commençons à chercher quelque chose de bon chez une personne ou dans une situation, soyez sûr que nous serons en mesure de l'identifier et de le trouver. Cela fera de nous une personne plus positive et heureuse.

5. Soyez heureux

Trouver le vrai bonheur :

Dans la vie moderne et rapide d'aujourd'hui, nous sommes souvent tellement occupés par de grandes choses comme les derniers gadgets, les voitures voyantes, les grands rêves, les maisons flamboyantes et nous nous impliquons dans des tensions inutiles pour les réaliser. Dans de tels moments, nous oublions de profiter du bonheur que nous apportent les petites choses de la vie.

Être heureux est quelque chose de fondamental et essentiel pour notre santé et notre longévité. C'est une chose que nous négligeons souvent en pensant que c'est une petite chose. Il peut nous donner un statut bien reconnu dans la société. Les gens aiment voir, rencontrer et rester avec des gens heureux. Ceux qui restent tristes, déprimés dans des conditions misérables sont laissés seuls sans personne pour les accompagner. Personne n'est là pour partager notre chagrin, mais beaucoup sont là avec nous dans les moments de bonheur.

Le bonheur n'est pas quelque chose que l'on peut acheter sur le marché contre de l'argent. Nous devons créer des moments de bonheur nous-mêmes. Nous devons tous rendre cela possible avec de petits changements dans notre comportement, notre environnement et nos relations qui peuvent nous aider à trouver le chemin d'une vie heureuse. Le vrai bonheur ne se mesure pas à la richesse, au statut, à la position ou à d'autres biens matériels. La paix intérieure, l'attitude de satisfaction, l'amour pour tous, l'aide aux personnes dans le besoin et la pensée juste sont les normes fondamentales du bonheur. Ce sont peut-être de petites choses, mais elles laissent une grande impression.

Henry Ward Beecher a très justement dit :

"L'art d'être heureux réside dans le pouvoir d'extraire le bonheur des choses simples"

Dr. Glenn Williams, maître de conférences en psychologie à l'Université de Nottingham Trent, déclare :

Un chemin efficace vers le bonheur ne passe pas nécessairement par des événements majeurs. C'est plutôt les petits plaisirs de la vie, souvent inattendus, qui peuvent nous aider à construire des vies plus significatives."

"Le véritable secret du bonheur réside dans un intérêt sincère pour tous les détails de la vie quotidienne." (William Morris)

Nous menons tous une vie très occupée. Nous sommes obligés de consulter une longue liste de choses à faire dès le début de chaque journée. Prendre des rendez-vous, vérifier une longue liste de courriels, atteindre les objectifs au bureau, éviter de voir des amis, gérer la maladie des parents, les enfants à l'école, les messages WhatsApp perturbateurs, nous sommes perdus sur la manière de tout gérer. Notre vie trépidante continue de nous imposer des demandes de temps, la plupart du temps inattendues. Ne sachant pas quoi faire et quoi laisser de côté, nous sommes déconcertés. Nous commençons à compromettre nos responsabilités au bureau et à la maison pour nous ménager un espace. Dans cette course effrénée, nous oublions de vivre notre vie.

6.Histoire : Le secret du bonheur.

Il y a une histoire célèbre à propos d'un garçon indien qui voulait connaître le secret du bonheur. Lorsqu'il partit à la recherche du secret du bonheur, il rencontra un moine dans un village. Le moine était un homme simple vivant dans une hutte en terre et en paille, mais il était vénéré par chaque habitant du village. Dépourvu de jalousie, de haine et de colère, il aimait tous les êtres. Il était une icône du bonheur comme jamais vue auparavant. Le garçon lui a demandé de lui faire connaître le secret du bonheur. Le moine fut surpris par la question du jeune garçon. Il trouva difficile de répondre sérieusement à un garçon aussi jeune. Il était facile pour lui d'expliquer la philosophie du bonheur à un adulte, mais ce n'était pas facile de l'expliquer à un adolescent. Après un moment de réflexion, il trouva une solution.

Il dit au garçon :

"Viens, mon fils, je vais te expliquer le secret du bonheur à condition que tu fasses le tour complet du village en observant les habitants, les lieux, leur beauté, le mode de vie des gens et tout le reste. Il lui donna une cuillerée d'eau et lui dit de tenir la cuiller en main tout en parcourant le village, mais il devait veiller à ce que l'eau de la cuiller ne se renverse pas pendant la promenade.

L'enfant trouva cette condition très facile. Il accepta volontiers et commença son tour du village. Étant jeune et énergique, il ne mit pas longtemps à faire le tour complet du village. Il était heureux d'avoir accompli la tâche qui lui avait été confiée et il fit son rapport au moine.

Le moine sourit et lui demanda :

"Qu'as-tu vu dans la première rue du village ?

As-tu vu les maisons où vivent ces gens ?

Désolé, monsieur, j'ai concentré toute mon attention sur la cuiller pour m'assurer que l'eau ne se renverse pas. J'ai mis l'accent sur cette tâche importante et je n'ai rien pu voir d'autre. Comme demandé, j'ai fait le tour complet du village sans renverser l'eau.

Non, tu n'as pas rempli complètement ta tâche. Tu as omis d'observer le village comme je te l'avais demandé. Tu dois faire un autre tour du village et me rendre compte de tous les détails du village. Le garçon accepta et fit un deuxième tour du village, puis rendit compte de nouveau au moine. Il était heureux d'avoir observé tous les détails du village et il les expliqua en détail au moine.

Mais où est l'eau, demanda le moine ?

Monsieur, j'étais trop occupé à observer le village et j'ai omis de prendre soin de l'eau qui s'est renversée de la cuiller. Il a été déclaré en échec dans sa tâche une fois de plus.

L'enfant sombra dans la dépression et se mit à pleurer d'avoir échoué à découvrir le secret du bonheur. Le moine s'approcha de lui, le serra dans ses bras avec amour et lui dit qu'il n'avait pas échoué dans sa tâche. Il avait réussi dans sa mission. Mais il avait échoué à apprendre le secret du bonheur que le moine lui avait transmis dans sa tâche.

Le moine a expliqué plus loin que deux tâches lui avaient été assignées. L'une consistait à observer la beauté du village et la deuxième à prendre soin de l'eau dans la cuiller. En prenant soin de l'eau, il avait omis d'observer les autres choses du village, et en observant les autres choses, il avait omis de prendre soin de l'eau. Il aurait dû trouver un équilibre entre les deux tâches. Nous avons tous le droit de profiter de la beauté et du plaisir du monde, mais nous devons aussi prendre soin de toutes nos responsabilités. Nous devons créer un équilibre entre tout. Tu as accompli ta tâche, mais tu as omis de créer un équilibre.

De même, nous devons tous prendre soin de notre bureau, de notre maison, de nos parents, de nos enfants et de tout le reste. Parfois, nous oublions de profiter de la beauté et du plaisir de la vie et nous nous perdons dans les horaires chargés d'une vie trépidante dans la course effrénée du monde. Parfois, nous perdons le sens de nos responsabilités et ne nous soucions pas de remplir nos devoirs. Pour une vie heureuse, l'équilibre est très important pour nous tous. La famille, le bureau, le travail, les parents, les enfants, la santé, le plaisir sont tout aussi importants. Pour une vie heureuse, créer un équilibre est très important.

Développer un caractère moral

Nous pouvons dresser une longue liste de nos grandes réalisations pour impressionner les autres, mais si nous n'avons pas d'intégrité et de haute moralité, cela n'a pas vraiment d'importance. Si nous n'avons pas de caractère, toutes les autres choses n'ont aucune importance. Nos grandes réalisations ne nous fournissent aucune base pour notre caractère. Ce sont nos petits actes accomplis en public qui déterminent notre caractère fondamental.

Swami Vivekanand a dit :

"Observez les gens dans leurs actions quotidiennes ; ce sont en effet les choses qui vous révéleront le vrai caractère d'une grande personne." "Si vous voulez vraiment juger le caractère d'un homme, ne regardez pas ses grandes performances. Regardez un homme accomplir ses petites actions." "Ni l'argent ne paie, ni le nom ne paie, ni la renommée, ni l'apprentissage ; c'est le caractère qui fend les murs d'adamant de la différence."

En tant que tel, notre caractère devrait être en tête de notre liste. Nous avons tendance à succomber aux petites tentations pour prendre le raccourci ou le chemin facile pour satisfaire nos désirs sans réfléchir à ce qui est juste et à ce qui est faux. Il devrait toujours y avoir le choix d'un chemin honorable. Nous mentons, nous trompons et nous trompons les autres pour de petits gains, mettant en péril nos valeurs morales. Pour préserver notre valeur, nous n'avons pas besoin de faire quelque chose de monumental. Il nous suffit de faire un pas en avant pour changer nos façons de penser, ce qui peut nous aider à améliorer notre vie ou la vie de quelqu'un d'autre.

Histoire : Préservez votre valeur

Un homme au physique ordinaire est allé chez un épicier pour acheter un paquet de biscuits pour 15 roupies. Il lui a remis un billet de cent roupies et a attendu de récupérer sa monnaie. Lorsque l'épicier lui a rendu la monnaie, il l'a rangée dans sa poche sans la compter. Après un certain temps, il a dû acheter des légumes chez un vendeur de rue. Il s'est rendu compte que la monnaie rendue par l'épicier pour les biscuits était supérieure au montant nécessaire.

Il est retourné voir l'épicier et lui a dit : "Vous m'avez donné trop d'argent. Je vous ai remis un billet de 100 roupies et vous m'avez rendu deux cents."

Le commerçant a répondu :

"Je ne vous ai pas donné plus d'argent. J'étais à votre temple hier. Vous prêchiez sur l'honnêteté, alors j'ai juste pensé que je vous mettrais à l'épreuve."

De même, il y a beaucoup de tests dans la vie pour voir si nous avons nos principes, notre morale et notre intégrité. Le caractère, c'est ce que nous sommes quand nous sommes seuls, ce que nous faisons quand il n'y a personne pour nous impressionner.

Si nous avons des biens, nous ferons un testament. Si nous avons du caractère, nous laisserons une bonne volonté.

Cultiver de bonnes habitudes Elbert Hubbard a dit à juste titre :

"Cultivez seulement les habitudes que vous êtes prêt à laisser vous maîtriser."

À la naissance, nous n'héritons ni de nos habitudes ni de notre caractère, et personne d'autre ne nous les accorde. C'est seulement nous qui pouvons choisir le mode de vie que nous allons suivre. C'est seulement et uniquement nous qui avons l'autorité de décider quelles habitudes nous allons former et quel type de caractère nous aimerions construire.

Mahatma Gandhi a dit :

"La destinée de l'homme est de conquérir toutes les habitudes, de surmonter le mal en lui et de rétablir le bien à sa place légitime."

Au moment de la naissance, nous sommes tous les mêmes, des êtres humains nés. Ce sont les habitudes qui nous différencient des autres. Un homme de bonnes habitudes, d'un caractère élevé, est reconnu partout par tout le monde. La personne ayant développé de mauvaises habitudes est condamnée partout par tout le monde. Ce sont nos habitudes qui feront de nous ce que nous sommes. Incarnées dans notre personnalité, nos mauvaises habitudes sont le reflet de nos pensées et de notre personnalité, de notre comportement et de notre conduite. Nous pouvons avoir des centaines de bonnes qualités, mais une seule mauvaise habitude a le pouvoir de dégrader notre foi, notre honnêteté, notre intégrité et notre droiture.

Les mauvaises habitudes, aussi petites soient-elles, peuvent détruire notre caractère et ruiner notre avenir. Une fois que nous devenons captifs d'une mauvaise habitude, notre tentation, notre résistance, notre maîtrise de soi et finalement notre caractère s'affaiblissent. Par conséquent, nous nous impliquons davantage dans des transgressions. Nous continuons à accumuler les mauvaises habitudes les unes après les autres. Finalement, nous semblons perdre tout contrôle de notre capacité à leur résister. Un moment vient où nous nous repentons de nos mauvaises habitudes, nous souhaitons nous en débarrasser, mais nous nous trouvons incapables de le faire et nous nous impliquons à nouveau pour continuer avec elles. Les mauvaises habitudes sont difficiles à éliminer.

Nous sommes des êtres humains, le mal coexiste avec le bien. Mais il est possible uniquement pour un être humain de maintenir de bonnes habitudes personnelles à l'ombre des mauvaises. Il est pertinent, et nous le savons tous, que cultiver de bonnes habitudes renforcera notre caractère, augmentera notre influence, améliorera notre personnalité, notre comportement, bénira nos proches et amis, enrichira nos vies et nous permettra d'accomplir des choses qui nous procureront un sentiment de véritable satisfaction et apporteront paix et bonheur dans notre vie. Ce ne sont que nos bonnes habitudes qui sont remplies de joie éternelle. Elles sont la seule source possédant un trésor très désiré et recherché.

Lorsque nous cultivons de bonnes habitudes, nos habitudes façonnent notre vie. Lorsque nous cultivons de mauvaises habitudes, nos habitudes gâchent notre vie. Nos bonnes habitudes deviennent avec le temps un atout pour le développement de la société. Non seulement nous recevons de la reconnaissance, mais nous devenons également une partie du développement des autres. En même temps, lorsque nous acquérons une mauvaise habitude, elle joue égalem

Nos bonnes ou mauvaises habitudes sont très importantes non seulement pour notre croissance, mais aussi pour le bien-être des personnes qui nous entourent. Tout type d'habitude devient de plus en plus fort avec le temps. Une habitude prolongée devient de plus en plus automatique. Inconscients de ses effets, nous la suivons les yeux fermés et ressentons la chaleur de nos habitudes, jamais anticipée par nous. Nos habitudes sont très puissantes. Elles influencent notre esprit, qui déclenche les actions en conséquence. Bonnes pour les bonnes habitudes et mauvaises pour les mauvaises habitudes.

Par notre nature, nous sommes motivés à accomplir certaines activités. Ces activités peuvent être motivées par nos pensées positives ou négatives. De la même manière, nos habitudes nous motivent également à accomplir différentes activités en fonction de nos préférences et de nos aversions. À long terme, cela devient notre habitude, et l'habitude se transforme en pratique, que nous faisons sans réfléchir. Tout ce qui perdure devient permanent, que ce soit bon ou mauvais. Nos habitudes deviennent également permanentes. Il est donc très nécessaire de cultiver de bonnes habitudes dès le départ. Et cela commence par un simple pas - "Je peux le faire."

Lorsque nous disons que nous pouvons le faire, nous ne le faisons pas. Certaines personnes parlent sans agir, tandis que d'autres sont promptes à faire ce qu'elles disent. Il s'agit d'une question d'habitude, qui n'a rien à voir avec une raison scientifique. C'est une question de pratique qui a été façonnée par nos habitudes quotidiennes.

Woody Allen a justement dit :

"Les choses ne se disent pas, elles se font, et en les faisant, elles parlent d'elles-mêmes."

Comment cultiver de bonnes habitudes :

Commencez par vous-même. Le monde est vaste et les gens sont divisés démographiquement. Pour être un bon membre de la société, nous devons d'abord cultiver de bonnes habitudes en nous. Avant de faire des bonnes habitudes une partie de la vie des autres, nous devons commencer à cultiver de bonnes habitudes dans notre propre caractère. Pour impressionner les autres, nous devons réfléchir à nos propres habitudes. Avons-nous déjà essayé d'identifier notre propre stock ? Si nous souhaitons vraiment une société de bonnes personnes autour de nous, éloignons-nous autant que possible de nos qualités toxiques.

Histoire : Une mauvaise habitude suffit à ruiner toute une vie.

Supposez que notre vie soit comme un arbre ayant une longue vie. Avec son magnifique tronc, il s'élève vers le ciel. Ses branches s'étendent partout, offrant un abri à tous contre la chaleur brûlante du soleil. Ses fruits fournissent une nourriture énergétique pour nous tous. Ses feuilles génèrent de l'oxygène vital pour les créatures de ce vaste monde. Toutes les agences de protection de l'environnement dans le monde entier travaillent dur pour sauver les arbres uniquement en raison de leurs bonnes qualités et de leurs bonnes habitudes. Il a des racines qui pénètrent profondément dans la terre pour obtenir un sol fertile qui le nourrit, offrant une base solide et solide. Son tronc est suffisamment fort pour soutenir les branches étendues tout autour. Ses feuilles volent dans l'air pur, répandant le bonheur partout. Tout cela est possible seulement si l'arbre a grandi au fil des ans pour se protéger contre plusieurs mauvais agents qui mordent, brûlent, infectent et pourrissent leurs racines, leur tronc, leurs branches, leurs fleurs et leurs feuilles. Involontairement, de nombreuses fois, les racines de l'arbre entrent en contact avec une forte concentration d'argile près de sa base. Étant gorgée d'humidité, elle crée un agent préjudiciable (une habitude) pour ses racines. En retenant autant d'humidité, elle empêche l'apport d'oxygène, et l'arbre commence à suffoquer. Lentement mais sûrement, son tronc, ses branches et ses feuilles commencent à pourrir, uniquement à cause d'un mauvais agent (mauvaise habitude)

De même, ces racines sont nos habitudes, qui constituent notre fondation de base. Nos aspirations, nos espoirs, nos objectifs et nos souhaits sont notre tronc, nos branches et nos feuilles répandus partout pour récolter le bonheur et une vie joyeuse. Comme l'arbre heureux, nous répandons le bonheur, la bienveillance, la joie et la paix tout autour. Nous continuons à cultiver de plus en plus de bonnes habitudes grâce à notre solide fondation de bonnes habitudes. Au moment où nous entrons en contact avec l'une des mauvaises habitudes, elle saisit notre fondation de bonnes habitudes et l'infecte avec un mauvais agent, puis nous commençons à accumuler de plus en plus de mauvaises habitudes. En conséquence, nous nous privons de la béatitude éternelle et du succès dans notre vie. Abandonner les mauvaises habitudes et cultiver de bonnes habitudes est nécessaire pour une vie réussie et heureuse.

La culture de bonnes habitudes est très importante, car elles deviennent de plus en plus fortes avec le temps et deviennent une partie pratique de notre vie. Nous devons veiller à cultiver le bon type d'habitudes. Cela commence par un simple pas : nous décidons que nous pouvons le faire. Cela nous mène vers le succès. Cela nous mène à développer notre communauté. Cela nous mène à aider les personnes dans le besoin. Cela aide à créer un environnement de bonheur et de paix partout.

C'est une affaire d'une seule personne qui porte le drapeau du bien-être pour tous. Nous ne devrions pas aspirer seulement à notre propre succès, à notre bien-être et à nos objectifs. Nous devrions être animés par l'habitude de promouvoir le bien-être de l'humanité en général. Lorsque nous faisons une différence dans la vie des autres, nous faisons une différence significative dans notre propre vie quotidienne. Pour cela, nous devons faire notre premier pas. Commençons par de petits pas.

Soyez respectueux envers les autres : C'est une politique de don et de contre-don. Avoir du respect pour les autres engendre du respect. Les gens se sentent bien à notre égard. Quand nous sourions et disons bonjour à nos subordonnés, ils se remplissent de joie. Ils seront toujours prêts à mieux nous servir, parfois même en sortant de leur chemin. Lorsque nous respectons nos aînés, notre patron et nos aînés, c'est une question de courtoisie seulement. Nous le faisons sous obligation ou pression. Parfois, cela n'est jamais répondu, mais en même temps, le respect envers notre personnel subalterne et les personnes de basse classe sociale est largement répondu. Ils parlent de vous avec d'autres personnes de la société et nous donnent une identité spéciale. Si nous montrons un peu de respect aux travailleurs de service, cela peut avoir des résultats étonnants pour améliorer notre réputation. Avec la diffusion de notre réputation, nous pourrons établir de nouvelles relations, tant dans la société que sur notre lieu de travail. Lorsque le nombre de personnes qui nous apprécient augmente, les amis qui nous font confiance augmentent, et un nombre croissant de connaissances signifie un nombre croissant de personnes dans notre cercle de soutien. Nous savons tous que les relations peuvent faire la différence entre le succès et l'échec. Elles peuvent nous aider dans nos jours sombres et lorsque nous sommes laissés seuls. De tels liens et relations seront là pour nous embrasser lorsque nous chercherons un soutien solide.

Soyez gentil :

Nous avons toujours été conseillés par nos aînés de traiter les autres comme nous aimerions être traités. C'est une règle d'or, et si nous la suivons, nous découvrirons qu'il y a de nombreux avantages liés à la façon dont nous traitons les autres.

John Bunyan a dit un jour :

"Tu n'as pas vécu aujourd'hui tant que tu n'as pas fait quelque chose pour quelqu'un qui ne pourra jamais te rendre la pareille."

Histoire : Le secret de la satisfaction :

M. John travaillait dans une entreprise réputée en tant que directeur général. En plus de toucher un salaire élevé, il bénéficiait de différents avantages pour mener une vie riche et heureuse. Tous les membres de sa famille étaient habitués à obtenir le meilleur. Il vivait dans une belle villa meublée avec les derniers équipements. Une voiture de luxe conduite par un chauffeur, un logement cinq étoiles, tout le luxe était disponible pour une vie paisible et heureuse. Il y avait de nombreux serviteurs toujours prêts au service de sa femme. Mais sa femme n'était pas satisfaite de ses mauvaises habitudes. Il avait l'habitude d'acheter des fruits et des légumes pourris qui n'étaient jamais utilisés. Sa femme devait jeter tous ces déchets de fruits et de légumes à la poubelle tous les jours.

Un jour, agacée par sa mauvaise habitude, elle s'est emportée et l'a averti de ne plus ramener de telles choses désagréables et gaspilleuses à la maison. Elle lui a également reproché de gaspiller de l'argent pour des articles qui ne peuvent même pas être utilisés par les personnes pauvres.

M. John a souri et a dit :

"Nous achetons des biens pour satisfaire notre corps, notre esprit et nos besoins. Mais nous ne pouvons pas acheter quoi que ce soit qui puisse satisfaire notre âme, notre moi intérieur.

Quand nous mangeons de bons fruits frais, des légumes frais, nous nous sentons heureux. Mais ce bonheur disparaît dès que nous avons fini de manger. Les fruits et légumes pourris que j'achète apportent satisfaction à mon esprit, mon cœur et mon âme intérieure. J'en retire un bonheur éternel et une paix éternelle."

Fascinée par la déclaration de son mari, sa femme était curieuse de connaître le secret caché qui apportait la satisfaction à son âme. Elle n'a pas pu résister à la tentation de connaître le secret derrière les dépenses de son mari pour acheter des articles inutiles sur le marché.

M. John a jugé préférable de lui expliquer la vraie histoire. Regardez, en rentrant de mon travail, je regardais souvent une vieille dame pauvre vêtue de vieux vêtements. Elle a du mal à voir clairement. En raison de son âge avancé, elle ne peut pas distinguer ce qui est frais de ce qui est pourri. Les vendeurs de fruits profitent toujours de son incapacité à bien voir et la trompent en lui fournissant des articles pourris. Étant seule dans ce monde, personne ne veille sur elle. Malgré sa situation très précaire, elle a choisi de travailler pour gagner sa vie. Elle n'a jamais choisi de mendier pour sa subsistance. En tant que femme courageuse, elle a commencé à vendre des fruits et des légumes. Je n'ai jamais vu personne acheter quoi que ce soit chez elle.

J'ai décidé de l'aider financièrement. Dieu m'a donné tellement. Je me dois d'aider quelqu'un qui a vraiment besoin d'aide. J'ai commencé à acheter chez elle pour lui apporter une aide financière sans lui porter atteinte. Depuis quelque temps, j'ai remarqué qu'elle améliore sa santé. Elle a commencé à distinguer ce qui est frais de ce qui est pourri. Pourtant, j'achète ce qui est pourri avec elle. Cela me procure une immense joie, je me sens heureux de l'aider. Je n'ai jamais ressenti autant de satisfaction qu'en l'aidant. Vous savez, faire le bien nous fait nous sentir bien, car cela profite à ceux qui en ont besoin.

Vous savez, mon petit acte ne nécessite aucune réciprocité matérielle ; il me remplit de l'énergie de la bienveillance. Je suis récompensé simplement par le sourire sur son visage. Quand je la vois heureuse, je deviens plus heureux. Un tel bonheur, je ne peux pas l'acheter sur aucun marché. Je me sens élevé, libéré de tout type de stress et de tension. Cela me procure la tranquillité et la paix intérieure.

La femme de M. John pleurait, les yeux remplis de larmes, elle observait

Voici la traduction en français du texte que vous avez fourni :

La gentillesse et la bienveillance nous aident à établir des relations avec d'autres personnes. Cela nous aide à avoir des relations positives avec des amis, des proches et même des étrangers. Elle nous rend heureux, satisfaits et joyeux, ce qui favorise notre bonne santé. Vous avez peut-être entendu un axiome célèbre : "La règle de la route est paradoxale, restez à gauche et à droite." De la même manière, la gentillesse est également un paradoxe ; nous devenons plus heureux en rendant les autres plus heureux. D'un autre côté, nos actes de gentillesse génèrent des émotions positives et réduisent nos émotions négatives. Nous savons tous que les émotions négatives sont nuisibles à notre santé, tandis que les émotions positives nous maintiennent en bonne santé. La gentillesse augmente notre énergie physique, nous maintient en bonne santé, nous rend heureux. C'est une source de plaisir qui augmente notre espérance de vie. Elle permet également de réduire notre douleur en produisant des analgésiques naturels dans notre esprit. Tant que nous nous engageons à faire du bien aux autres, nous oublions notre propre douleur. Elle réduit notre stress, notre tension, notre anxiété, notre dépression et notre tension artérielle. C'est un médecin naturel pour notre bonne santé. Si nous souhaitons vivre en bonne santé, nous devons être gentils envers les autres.

Être reconnaissant.

Le but ultime de notre vie est d'être heureux. Nous sommes heureux lorsque nous gagnons à la loterie, mais ce bonheur disparaît dès que nous subissons une lourde perte en affaires. Ce type de bonheur est une caractéristique temporaire de notre vie. De même, les réussites soudaines et les avantages inattendus sont également une question de bonheur temporaire. Ce dont nous avons besoin, c'est d'un bonheur perpétuel. L'aptitude à la gratitude est une chose qui est toujours associée à un bonheur plus grand. Elle a le pouvoir de nous faire prendre conscience et d'être reconnaissant pour les bonnes choses qui se produisent dans notre vie. Elle nous offre l'opportunité d'exprimer notre appréciation et de rendre la gentillesse. Simplement dire "merci" n'est pas la façon d'exprimer notre gratitude. L'expression de notre gratitude devrait signifier plus que ses mots et devrait conduire à un sentiment de bien-être plus fort. Le véritable sentiment de gratification nous procure des sentiments positifs supplémentaires et nous savourons les bonnes expériences. Elle nous aide également à améliorer notre santé, à faire face à l'adversité et à construire des relations solides et dignes de confiance. Être satisfait de ce que nous avons est la clé du bonheur.

Br. David Steindl a raison de dire :

"La reconnaissance est la clé d'une vie heureuse que nous tenons entre nos mains, car si nous ne sommes pas reconnaissants, peu importe ce que nous avons, nous ne serons pas heureux, car nous voudrons toujours avoir autre chose ou plus."

Le mot "gratitude" est dérivé du mot latin "GRATIA", qui signifie la reconnaissance. Il n'est pas normal pour quiconque d'être reconnaissant ; cela ne nous vient pas facilement, car nous vivons aujourd'hui dans une société consumériste avec une approche matérialiste. Nous avons tendance à penser à ce qui nous manque, ou nous pensons aux autres qui ont plus que ce que nous possédons. Nous nous concentrons uniquement sur ce qui nous manque et sur ce que les autres ont en abondance. Nous ne prenons pas la peine de reconnaître ce que nous avons déjà et que des centaines de milliers de personnes sur terre n'ont pas. Nous nous maudissons pour avoir moins et nous n'apprécions pas ce que nous avons déjà. La gratitude est une émotion puissante qui génère un sentiment d'appréciation pour ce que nous avons déjà. Lorsque nous nous sentons bien à propos de ce que nous avons, nous oublions que ce bon sentiment provient de quelque chose qui est en dehors de nous et échappe à notre contrôle, que ce soit nos amis, d'autres personnes, nos proches, nos circonstances, nos relations, et aucun d'entre eux n'a d'intérêt dans notre vie. Cela n'a rien à voir avec nos avantages matériels, mais c'est une disposition morale raffinée. C'est une force extrêmement puissante que nous pouvons utiliser pour accroître notre bonheur, créer des relations affectueuses et, au maximum, améliorer notre santé. C'est la seule émotion qui peut déplacer notre focalisation de la négativité vers la positivité. Lorsque nous vivons avec un sentiment de gratitude et d'appréciation, nous nous sentons reconnaissants pour tout ce que nous rencontrons dans la vie quotidienne. En d'autres termes, nous sommes prêts à accepter tous nos revers, nos échecs, nos obstacles et nos difficultés avec le même esprit que nous montrons de l'appréciation pour nos victoires et nos réussites. La gratitude apporte de la positivité tout autour, créant une atmosphère globalement positive. C'est un remède pour vivre une vie heureuse qui nous est offert sans frais, à condition que nous soyons prêts à apprécier nos petites choses et nos petites actions positives. L'importance de cultiver la gratitude a été bien expliquée par le Dr. Randy dans les mots suivants : "Nos journées ne se déroulent que rarement comme prévu, avec des défis inattendus. Certains d'entre nous peuvent naturellement apprécier les moments agréables au fur et à mesure qu'ils se produisent tout au long de la journée, tandis que beaucoup d'entre nous doivent cultiver ce sentiment d'appréciation. Notre petit acte de gentillesse et de gratitude fait pour le bien des autres remplit non seulement notre cœur de joie, mais apporte également de la joie pour les autres." Je me souviens d'une petite histoire écrite par Nick Ortner que je voudrais présenter ci-dessous pour mieux comprendre le concept clairement. :-

Histoire : Être reconnaissant

Un garçon aveugle était assis sur les marches d'un bâtiment avec un chapeau à ses pieds. Il tenait une pancarte qui disait : "Je suis aveugle, s'il vous plaît aidez-moi." Il n'y avait que quelques pièces de monnaie dans le chapeau, de la petite monnaie que les gens lui donnaient en se dépêchant.

Un homme passa. Il prit quelques pièces de sa poche et les laissa dans le chapeau. Puis il prit la pancarte, la retourna et écrivit quelques mots. Ensuite, il remit la pancarte dans la main du garçon pour que tous ceux qui passaient puissent voir les nouveaux mots. Bientôt, le chapeau commença à se remplir. Beaucoup plus de gens donnaient de l'argent au garçon aveugle. Cet après-midi-là, l'homme qui avait changé la pancarte revint pour voir comment les choses se passaient. Le garçon reconnut ses pas et demanda : "Étiez-vous celui qui a changé ma pancarte ce matin ? Qu'avez-vous écrit ?" L'homme dit : "J'ai seulement écrit la vérité. J'ai dit ce que vous avez dit, mais d'une manière différente. J'ai écrit : 'Aujourd'hui est une belle journée, mais je ne peux pas la voir.'" Les deux pancartes disaient la vérité. Mais la première pancarte disait simplement que le garçon était aveugle, tandis que la deuxième pancarte rappelait à tous ceux qui passaient à quel point ils devraient être reconnaissants de pouvoir voir...

La gratitude élargit notre cercle social.

Avoir un sentiment de gratitude envers les autres peut conquérir les cœurs des personnes qui nous entourent. La meilleure façon est d'être reconnaissant envers tout le monde pour leur petite aide et aussi tendre la main, même pour de petites choses, à d'autres. Ce qui nous est fait de bien devrait être récompensé en faisant du bien à quelqu'un d'autre.

La gratitude peut ouvrir de nouvelles opportunités :

La gratitude nous aide à faire de nouvelles connaissances qui peuvent durer toute une vie. Remercier pour les mains secourables et reconnaître la contribution des autres peut ouvrir les portes de nouvelles opportunités. Lewis a dit à juste titre : "Laisser de la place dans votre vie pour de nouvelles relations ouvre des opportunités de joie et de connexion plus grande."

Un grand sage indien l'a expliqué en ces termes :

"रहिमन इस संसार में सबसे मिलिए धाये न जाने किस वेश में नारायण मिल जाये".

Dans le couplet ci-dessus, le sage Rahim conseille que nous devrions toujours être prêts à rencontrer de nouvelles personnes à bras ouverts, les accueillir, les mettre à l'aise et les aider en cas de besoin. Nous ne savons pas sous quelle forme nous pourrions rencontrer une personne qui est un Dieu déguisé. Une personne sage a raconté l'histoire suivante (nom inconnu) pour nous faire comprendre.

Histoire : Faire le bien apportera de bons résultats

Un jour, une veuve tomba gravement malade et nécessitait une opération à cœur ouvert pour survivre. Le coût de cette opération s'élevait à plus de 2 00 000 roupies. Elle avait un fils âgé de 14 ans. Il ne pouvait pas réunir une telle somme pour le traitement de sa mère. Le garçon, impuissant, tenta de demander de l'aide à différentes personnes, mais personne n'était prêt à donner une telle somme pour aider une femme pauvre. Finalement, le garçon peigna une pancarte avec une photo de sa mère et l'afficha sur sa poitrine en se tenant à l'intersection animée d'une route.

"Ceux qui aident les pauvres, Dieu les aide."

Plusieurs personnes traversèrent la route, certaines lurent la pancarte, tandis que d'autres l'ignorèrent. Soudain, une personne pressée apparut. Peut-être cherchait-elle quelqu'un. Sans prêter attention à la pancarte du garçon, elle lui demanda : "Où se trouve la Maison Salton ?"

"Rebroussez chemin, tournez à droite à la prochaine intersection, à quelques mètres sur la gauche, vous trouverez un grand bâtiment appelé Maison Salton."

Précipitamment, la personne suivit les indications du garçon pour arriver à sa destination. Il arriva dans un hôpital réputé où il était nécessaire en urgence pour une intervention chirurgicale. En voyant la patiente, il fut submergé par le souvenir du garçon debout à l'intersection qui l'avait guidé jusqu'à l'hôpital. Il se rappela également de l'image d'une femme affichée sur la poitrine du garçon, ressemblant à la patiente. En tant que chirurgien cardiaque, il demanda immédiatement les rapports de test de la patiente.

"Excusez-moi, monsieur, nous n'avons pas encore effectué de tests", répondit rapidement le personnel infirmier.

"Quoi ? Êtes-vous fous ? La patiente est dans un état critique, et vous n'avez pas effectué les tests nécessaires pour l'opération ? Pourquoi ?"

"Monsieur, elle n'a pas d'argent, et selon nos règles, nous ne pouvons pas effectuer de tests sans recevoir le paiement intégral du patient."

"Je vois. Très bien, allez-y et effectuez tous les tests nécessaires et préparez la patiente pour l'opération. Je couvrirai l'intégralité des frais."

Le jeune garçon qui avait demandé de l'aide financière était sous une immense pression. Il n'avait pas mangé, et il n'avait pas bien dormi la nuit précédente, inquiet pour la santé de sa mère. Il était lui-même dans une situation précaire, tout comme sa mère. Pourtant, il était prêt à aider une personne qui s'était égarée. Son petit geste fut récompensé par l'apparition de Dieu sous la forme de ce médecin bienveillant.

Lorsque nous sommes stressés, en souffrance, et impuissants face à des difficultés écrasantes, nous avons souvent tendance à nous concentrer uniquement sur notre bien-être, en ignorant les problèmes auxquels sont confrontées les autres. Dans de tels moments d'agonie, si nous pouvons garder notre calme et tendre la main à ceux qui ont besoin d'aide, nous pouvons recevoir une assistance divine inattendue. C'est exactement ce qui est arrivé au garçon.

Cela nous maintient en bonne santé :

Si nous aidons les autres, montrons du respect, et soutenons ceux qui ont besoin d'aide, de guidance, de soutien, d'encouragement, et que nous leur apportons un soulagement de leurs souffrances, nous ressentirons certainement de la joie. Le fait de voir les visages souriants des personnes dans le besoin ouvre les portes d'un bonheur éternel pour nous. Cela réduit notre stress, notre tension, notre anxiété, et renforce notre créativité, notre énergie, nous rendant plus positifs. Nous ressentirons une sorte de tranquillité qui ne se trouve pas dans les gains matériels. Lorsque les gens autour de nous nous félicitent pour nos actes de bonté, nous pouvons nous retrouver dans un état d'harmonie qui n'a pas de prix. Dans l'ensemble, la gratitude nous aide à maintenir une bonne santé physique.

"Vivre une vie paisible et heureuse prolonge notre durée de vie."

La gratitude est une source d'amélioration de la santé mentale

De nombreux chercheurs ont découvert dans leurs différentes études que notre habitude de la gratitude est très efficace pour accroître notre bonheur. En même temps, elle nous aide à réduire la dépression. Elle est également une source de réduction de l'agression émotionnelle et contribue à renforcer la compassion. Même au cours de nos moments de critique, elle nous aide à retenir nos réactions de représailles. En résumé, elle nous éloigne d'une attitude toxique. Lorsque nous sommes libérés de nos émotions toxiques telles que la culpabilité, la honte, la colère, le regret, l'amertume, le ressentiment, etc., nous vivons une vie longue, heureuse et joyeuse, une vie qui renforce notre santé mentale. La santé mentale est importante à chaque étape de la vie pour nous tous, que ce soit dans l'enfance ou dans la vieillesse.

Nous vivons tous aujourd'hui à l'ère d'une vie moderne et effrénée où nous n'avons même pas le temps pour nous-mêmes. Dans cette routine de la vie, Dieu nous préserve, si nous sommes confrontés à des crises, nous perdons tous nos sens pour faire face à la situation. Tout le monde autour de nous est trop occupé à ses propres affaires et n'a pas le temps de s'occuper des autres. Dans ce mode de vie, personne n'a le temps de tendre la main pour aider. Nous nous retrouvons pris dans un tourbillon de crises et nous commençons à prier Dieu pour obtenir de l'aide.

Il est donc très important que nous prenions soin de nos petites habitudes, de nos petits gestes, pour renforcer les émotions de bonheur, de joie, d'harmonie, de coopération, de respect et de valeur, même pour ceux qui se trouvent à un échelon inférieur de la vie.

Obsédés par nos difficultés, nous oublions souvent de suivre le bon chemin dans notre vie. Nous pouvons trouver un chemin qui nous mène à notre destination seulement si nous apprenons à trouver du bien dans le mal. Il est donc très important que nous acceptions chaque situation, personne, événement, occurrence dans notre vie avec un mot de remerciement. Nos difficultés, nos épreuves et nos échecs sont les pierres angulaires de notre croissance future. Ils nous enseignent les plus grandes leçons de la vie.

Nous ne savons pas tout, il y a donc toujours plus à apprendre. Notre attitude humble, notre approche polie et empathique nous permettent de trouver un nouveau chemin dans la vie. En temps de prospérité, il est facile pour nous de dire merci pour tous les moments heureux, mais être reconnaissant en temps de difficultés nous remplit d'une véritable joie de satisfaction.

Nous serons en mesure de poser les bases d'une vie bonne, heureuse et satisfaisante seulement si nous pouvons consacrer du temps à analyser ce qui est bon et ce qui est mauvais pour el

Chapitre 13

La vie est un écho :

À l'époque de l'école, mon professeur m'a parlé d'un dicton célèbre d'un sage, bien que je ne me souvienne pas du nom du sage, je me souviens toujours de ses paroles pleines de sagesse et je les répète ci-dessous :

"Ce que nous envoyons revient vers nous. Ce que nous semons, nous récoltons. Ce que nous donnons, nous recevons. Ce que nous voyons chez les autres existe déjà en nous. Rappelez-vous, la vie est un écho. Tout revient toujours vers nous. Alors donnez toujours du bien."

Le dicton ci-dessus est une vérité biblique

"On récolte ce que l'on sème" Vous plantez les graines (semez), puis plus tard vous récoltez la récolte résultante (récolte). La récolte que vous récoltez dépend du type de graines que vous semez. Si vous semez du maïs, vous ne récolterez pas des olives."

Pour citer Winston Churchill : "Nous gagnons notre vie en obtenant, mais nous faisons une vie en donnant."

En résumé, le sens de toutes les citations ci-dessus est que quelles que soient les actions que nous accomplissons, qu'elles soient bonnes ou mauvaises, nous devons certainement en récolter les fruits. Cela peut être très facilement expliqué par l'histoire suivante :

Histoire : La vie est un écho

Une fois, un prêtre trouva un homme inconscient sur les escaliers d'un temple. Il l'emmena chez lui et veilla sur lui en lui offrant tout le confort possible pour sauver sa vie. Ses efforts pour aider une personne inconnue étaient motivés par la force d'être un homme de Dieu pour apporter du bien à tous ceux qui avaient besoin d'aide. Il considérait cela comme un devoir humain, sans aucun intérêt personnel. Il l'a fait et l'a oublié en se souvenant des paroles d'or du chef du temple : "Quelqu'un vivra une vie plus heureuse simplement parce que nous avons pris le temps de partager ce que nous avions à donner."

Le temps a passé et un jour, quelqu'un a frappé fort à la porte du prêtre. Lorsque le prêtre ouvrit la porte, il vit la même personne dont la vie avait été sauvée par lui. Agriculteur de profession, l'homme avait apporté un seau rempli de fruits frais de son jardin et il a poliment offert les fruits au prêtre en disant : "Mon père, ces fruits sont les meilleurs produits de mon jardin. Je suis venu les offrir en cadeau." Le prêtre accepta le cadeau et dit : "Je ne mérite pas de garder ce cadeau avec moi. Je dois l'offrir au chef du temple qui m'a enseigné les meilleures leçons de vie. Il sera ravi de ce cadeau. Je dois offrir ces fruits au chef du temple."

"Désolé, mon père, mais j'ai apporté ce cadeau uniquement pour vous. Vous êtes la personne qui a sauvé ma vie alors qu'il n'y avait aucune aide disponible à proximité. Je sais que vous n'aviez pas beaucoup d'argent pour me fournir de l'aide médicale, mais vous avez dépensé tout ce que vous possédiez pour sauver la vie d'une personne inconnue. Je souhaite que vous gardiez ce cadeau."

Le prêtre sourit et entra chez lui en tenant le cadeau dans ses mains. Même s'il n'avait jamais vu de fruits de si bonne qualité et n'avait pas mangé de bons fruits depuis longtemps, il décida de remettre le cadeau au chef du temple, qui l'encourageait toujours par ses paroles de sagesse.

Le chef du temple fut très heureux de recevoir un seau de fruits frais. Il voulait faire plaisir à sa famille avec ce cadeau, car il n'était pas en mesure d'acheter de bons fruits pour eux. Il souhaitait les rendre tous heureux avec ce cadeau unique. Instantanément, il se souvint que le chef du village était malade et souffrait depuis un certain temps. Vivant dans une zone éloignée, il n'était pas facile pour lui d'obtenir des fruits frais. Son état se détériorait de jour en jour. Le chef du temple décida d'offrir des fruits au chef du village. Qui sait, ils pourraient apporter un peu de joie dans sa vie.

Le prêtre présenta ces fruits au chef du village en cadeau. Mais les fruits ne restèrent pas longtemps avec l'homme malade. Un des villageois vivait avec lui dans le but de l'aider dans son état de santé. C'était lui qui prenait soin de lui, l'aidait dans ses activités quotidiennes, lui fournissait des médicaments en temps opportun comme le recommandait le médecin du village et cuisinait pour lui. Le chef du village décida de transmettre ce cadeau au villageois qui le servait depuis longtemps. Il était sûr que ce villageois apprécierait davantage les fruits que le moine qui avait établi le temple et avait passé toute sa vie au service des gens pauvres ordinaires. Il serait certainement capable d'apprécier cette merveille de la nature. Il serait préférable que j'offre ce cadeau au moine.

Plusieurs moines en formation travaillaient dur pour apprendre les leçons sur la façon d'apporter du bien aux gens sur terre. Le moine sélectionna le moine le plus jeune et lui offrit le cadeau de fruits afin de lui faire comprendre le travail de la nature dans les moindres détails de sa création.

Le moine le plus jeune se souvint de ses anciens jours difficiles. Il n'avait pas de maison, rien à manger ni à porter. Il errait de lieu en lieu à la recherche d'aide. C'est au temple qu'il avait trouvé un abri, de la nourriture et tout le nécessaire. Il se souvint de la première fois où il était venu au temple, et du prêtre qui avait ouvert les portes pour lui. C'était ce gest

@@@@@@@

www.ingramcontent.com/pod-product-compliance
Lightning Source LLC
LaVergne TN
LVHW061544070526
838199LV00077B/6890